NUCCIO ORDINE

LOS HOMBRES
NO SON ISLAS

LOS CLÁSICOS
NOS AYUDAN A VIVIR

TRADUCCIÓN DEL ITALIANO
DE JORDI BAYOD

BARCELONA 2022   ACANTILADO

TÍTULO ORIGINAL *Gli uomini non sono isole*

Publicado por
ACANTILADO
Quaderns Crema, S. A.

Muntaner, 462 - 08006 Barcelona
Tel. 934 144 906 - Fax. 934 636 956
correo@acantilado.es
www.acantilado.es

© 2018 by Nuccio Ordine
© de la traducción, 2022 by Jordi Bayod Brau
© de las ilustraciones de las pp. 93-94, 2018
by Herederos de Antoine de Saint-Exupéry
© de esta edición, 2022 by Quaderns Crema, S. A.

Derechos exclusivos de edición en lengua castellana:
Quaderns Crema, S. A.

En la cubierta, ilustración de Leonard Beard

ISBN: 978-84-19036-12-4
DEPÓSITO LEGAL: B. 15 631-2022

AIGUADEVIDRE *Gráfica*
QUADERNS CREMA *Composición*
ROMANYÀ-VALLS *Impresión y encuadernación*

SEGUNDA REIMPRESIÓN *febrero de 2023*
PRIMERA EDICIÓN *octubre de 2022*

CONTENIDO

LOS HOMBRES NO SON ISLAS

Suum cuique tribuere.

A Giulio Ferroni, ahora por antes.

VIVIR PARA LOS OTROS:
LITERATURA Y SOLIDARIDAD HUMANA

> Hago decir a los otros lo que yo no soy capaz
> de decir tan bien, sea por la debilidad de mi
> lenguaje, sea por la debilidad de mi juicio.

MICHEL DE MONTAIGNE (II, 10)

I. JOHN DONNE:
«NINGÚN HOMBRE ES UNA ISLA»

Ningún hombre es una isla, ni se basta a sí mismo; todo hombre
es una parte del continente, una parte del océano [*a part of the
maine*]. Si una porción de tierra fuera desgajada por el mar, Europa entera se vería menguada, como ocurriría con un promontorio donde se hallara la casa de tu amigo o la tuya: la muerte de
cualquier hombre me disminuye, porque soy parte de la humanidad; así, nunca pidas a alguien que pregunte por quién doblan
las campanas; están doblando por ti [XVII, p. 186].

Debo a la bellísima imagen de John Donne el título de esta
«pequeña biblioteca ideal». Siguiendo la estela de *Clásicos
para la vida*, he reunido una nueva colección de citas y de
breves comentarios. Tampoco en este caso he elegido a los
clásicos en función de un «canon», sino que, como hice en
el volumen precedente, he continuado seleccionando los
textos pensando en cada ocasión en los intereses de mis estudiantes, en las lecturas (y relecturas) casuales que esta-

ba haciendo o en los temas candentes sugeridos por la actualidad. La ausencia, por ejemplo, de Dante y Petrarca en *Clásicos para la vida* era puramente casual, como casual es su presencia en este volumen. El mismo discurso puede aplicarse a otros grandes autores. Ajeno a toda preocupación clasificatoria (los «cánones» implican rígidos parámetros, formados por inclusiones y exclusiones, metros y reglas, normas y plantillas, que exceden el horizonte de este libro), he intentado una vez más seleccionar aquellos fragmentos de los clásicos susceptibles de despertar un vivo interés y animar al lector a apropiarse de la obra en su integridad. Lo he dicho y lo he escrito en muchas ocasiones: las «antologías» no sirven para nada si no invitan a abrazar íntegramente los textos de los que reproducen pasajes o fragmentos.

La decisión de evocar la imagen insular de John Donne en el título no es casual. Todo el mundo puede ver lo que ocurre en Europa y en el mundo en estos momentos: se construyen muros, se levantan barreras, se extienden cientos de kilómetros de alambre de púa, con el despiadado objetivo de cerrar el paso a una humanidad pobre y sufriente que, arriesgando la vida, intenta escapar de la guerra, del hambre, de los tormentos de las dictaduras y del fanatismo religioso. Miles de personas sin voz, privadas de toda dignidad humana, desafían la aridez de los desiertos, los mares embravecidos y la nieve de las montañas buscando desesperadamente un refugio, un lugar seguro, un cobijo donde poder cultivar la esperanza de un futuro digno. El Mediterráneo—que durante siglos había favorecido los intercambios de mercancías, de lenguas, de cultos, de obras de arte, de manuscritos y de culturas—se ha convertido, en los últimos años, en un féretro líquido en el que se acumulan miles de cadáveres de migrantes adultos y de niños inocentes.

Hoy, el *Mare Nostrum*—y esto vale para cualquier extensión de agua, dulce o salada—es percibido por los partidos xenófobos europeos como una frontera natural y no como una oportunidad para facilitar tránsitos y comunicaciones de un territorio a otro.

En este brutal contexto, la bellísima reflexión de Donne —recogida en *Devociones para circunstancias inminentes* (1624)—despierta en nosotros el recuerdo de valores que hoy en día parecen olvidados. Una larga enfermedad y la experiencia del dolor se convierten para el autor en una oportunidad extraordinaria para interrogarse sobre el misterio de la muerte y sobre el lugar que corresponde a los simples individuos en la humanidad. Postrado en su lecho («Arrojado como he sido a esta cama, mis coyunturas desmadejadas parecen grilletes, y estas finas sábanas, puertas de hierro», III, p. 58), el poeta inglés oye el tañido de las campanas y piensa enseguida en la desaparición de un vecino («Esas campanas me indican que lo conocía, o que era mi vecino», XVI, p. 176). Pero la «muerte del otro»—relatada en la meditación XVII, titulada «Nunc lento sonitu dicunt, morieris» («Ahora esta campana que dobla suavemente por otro me dice: eres tú quien debe morir»)—, no sólo constituye una oportunidad para reflexionar sobre nuestra propia muerte, sino que es asimismo una valiosa oportunidad para entender que los seres humanos están ligados entre sí y que la vida de cada hombre es parte de nuestra vida: «Ningún hombre es una isla, ni se basta a sí mismo; todo hombre es una parte del continente, una parte del océano» (XVII, p. 186). La metáfora geográfica nos hace «ver» aquello que no se alcanza a percibir en medio del remolino del egoísmo cotidiano: que «un hombre, es decir, un universo, es todas las cosas del universo» (XVI, p. 180), de igual manera que un terrón cualquiera de un continente es ese continente

(XVI, p. 180). Por eso «la muerte de cualquier hombre me disminuye»: porque cada uno de nosotros «es parte de la humanidad», porque somos múltiples pequeñas teselas de un todo único. Así, cuando oímos tañer la campana, tomamos conciencia de que una parte de nosotros nos ha dejado y que ahora esa campana suena también por quien queda («Así, nunca pidas a alguien que pregunte por quién doblan las campanas: están doblando por ti», XVII, p. 186). Con la negación del hombre-isla, la meditación sobre la enfermedad y sobre la muerte se transforma en un himno a la fraternidad, en un elogio a la humanidad concebida como el cruce inexplicable de una multitud de vidas.

Es una imagen de la humanidad diametralmente opuesta a la egoísta y violenta que hoy en día domina las campañas electorales de Europa y Estados Unidos. Al grito de un mismo eslogan sazonado con algunas diferencias («*America first*», «*La France d'abord*», «*Prima gli Italiani*» o «*Brasil acima de tudo*», por poner sólo algunos ejemplos), grupos de políticos armados de un implacable cinismo han fundado partidos de éxito con un único objetivo: cabalgar sobre la indignación y el sufrimiento de las clases menos favorecidas para fomentar la guerra de unos pobres (los que han pagado y pagan duramente estos años de crisis) contra otros (los migrantes que buscan desesperadamente un futuro en los países más ricos). Los datos ofrecidos por la ONG británica Oxfam a comienzos de 2018, con motivo de la celebración del World Economic Forum de Davos, son sobrecogedores: el uno por ciento de la población mundial había acaparado el ochenta y dos por ciento de la riqueza generada el año anterior. Un crecimiento terrible de las desigualdades que no justifica una estrategia de rigor que empobrece a la clase media y reduce a la indigencia a las familias más humildes. Es inmoral que políticos europeos (¡algunos de los cuales han favorecido la transformación de sus países en atractivos paraísos fiscales!) exijan el pago de la deuda a un pobre pensionista griego, italiano o español y permitan que las grandes multinacionales (Amazon, Google, Apple, etcétera) se enriquezcan sin pagar impuestos en los Estados en los que ingresan miles de millones de euros. Asimismo es inmoral promulgar «reformas» que, en nombre de la «modernidad» y de la movilidad del trabajo, abolen gradualmente la dignidad de los trabajadores y todo «derecho de tener derechos» (retomo aquí la feliz expresión acuñada por Hannah Arendt y relanzada por Stefano Rodotà). Basta con recorrer los *curricula* de muchos destacados dirigentes que operan en el Parlamento y en las salas de mandos de la Unión Europea, para darse cuenta de sus estrechos vínculos con influyentes bancos, poderosas financieras, grandes multinacionales o reputadas sociedades de *rating*. Ante el crecimiento exponencial de la evasión fiscal y de la corrupción, es difícil imaginar un futuro para esta Europa al servicio de los potentados económicos que no esté cargado de conflictos humanos y sociales muy peligrosos.

2. FRANCIS BACON: LA IMAGEN INSULAR Y EL TEMA DE LA BONDAD

Las *Devociones para circunstancias inminentes* de John Donne obtuvieron un éxito inmediato. En el transcurso de unos pocos años, en vida del autor, se cuentan dos ediciones en 1624, otras dos en 1626 y una más en 1627.

Pero en mi opinión, entre las reacciones inmediatas que suscitó la publicación de las *Devociones*, la más importante fue sin duda la de sir Francis Bacon. En efecto, en la edición ampliada de sus *Ensayos*, aparecida en 1625, el filósofo inglés retoma la imagen de la insularidad en los pasajes finales de una reflexión titulada *De la bondad y la bondad natural.* Las fechas son claras: si en la primera redacción de este ensayo específico, dedicado al tema de la bondad (presente en la segunda edición de 1612), no hay alusión alguna a la metáfora insular, en la tercera edición, de 1625 (un año después de la impresión de las *Devociones*), se hace, en cambio, evidente el eco de la decimoséptima meditación de Donne (titulada «Nunc lento sonitu dicunt, morieris» [«Ahora esta campana que dobla suavemente por otro me dice: eres tú quien debe morir»]).

En estas páginas, intentando ofrecer su definición, Bacon se detiene en la concepción de la bondad:

Tomo la bondad en este sentido, el que afecta al bienestar de los hombres, que es lo que los griegos llamaban *filantropía*; y la palabra *humanidad*, tal como se usa, resulta demasiado leve para expresarla. Bondad llamo yo al hábito, y bondad de la naturaleza, a la inclinación. Siendo ésta, de todas las verdades y dignidades del espíritu, la más grande y la característica de la deidad; y sin ella, el hombre resulta un ser atareado, despreciable y miserable, no mejor que cualquier clase de gusano. La bondad responde a la virtud teológica de la caridad, y no admite exceso, sino error [p. 26].

Sólo a la bondad no se le han concedido límites. Mientras que el exceso puede transformar una virtud en su contrario («El deseo de poder excesivo produjo la caída de los ángeles y el deseo de saber en exceso hizo caer al hombre»), en «la caridad no hay exceso» (p. 26). Y esto ocurre porque «la inclinación a la bondad está profundamente impresa en la naturaleza del hombre» (p. 26). Hasta tal punto que, «si no se orienta hacia los hombres», podría acabar por dirigirse «hacia otras criaturas vivientes»: baste pensar en los «turcos, un pueblo cruel, que, sin embargo, son bondadosos con los animales y dan limosna a los perros y las aves» (p. 26). Para Bacon, es ante todo necesario buscar «el bien de los demás hombres», pero evitando «[esclavizarse] a sus apariencias o ficciones» (p. 27). Por desgracia existen también seres humanos «[cuya] naturaleza hace que no deseen el bien de los demás». Se trata de hombres, inclinados «a la envidia o al simple desprecio», que incluso disfrutan con las «calamidades ajenas»:

Tales cualidades son los verdaderos errores de la naturaleza humana, y, no obstante, son la madera más apropiada para hacer grandes políticos; como la madera curvada que sirve para los barcos que la requieren así, pero no para construir casas que deban mantenerse derechas [pp. 27-28].

Entre las «partes y señales de la bondad», en particular, el filósofo destaca sobre todo la hospitalidad. Acoger a los extranjeros es uno de los rasgos constitutivos del ser humano abierto y solidario: «Si un hombre es generoso y cortés con los extranjeros, eso demuestra que es ciudadano del mundo y que su corazón no está aislado de otras tierras, sino que forma parte con ellas de un continente» (p. 28). Aquí Bacon reescribe la imagen insular de Donne: la humanidad es un «continente unido», de suerte que el hombre individual no puede ser considerado como una isla separada de un «todo» único («su corazón no está aislado de otras tierras»). Ser «ciudadano del mundo» significa tener la capacidad de superar el limitado perímetro de los propios intereses egoístas para abrazar lo universal, para sentirse parte de una inmensa comunidad constituida por los semejantes. Por eso, ocuparse de los demás es siempre una oportunidad para hacerse mejores:

Si [un hombre] es comprensivo [*compassionate*] con las afliccio- nes de los demás, esto demuestra que su corazón es como aquel árbol noble, que se hiende cuando da su bálsamo; si perdona y condona fácilmente las ofensas, eso demuestra que su mente está por encima de las injurias, de tal modo que no puede ser alcan- zada por el disparo; si es agradecido a los pequeños beneficios, eso demuestra que sopesa el pensamiento de los hombres y no su basura [p. 28].

En este sentido, la bondad no puede conocer límites. Por el contrario, el ejemplo del «noble árbol del bálsamo» nos permite entender que el altruismo puede llegar hasta el sa- crificio extremo de uno mismo («Si [un hombre] es com- prensivo con las aflicciones de los demás, esto demuestra que su corazón es como aquel árbol noble, que se hiende cuando da su bálsamo»). Bacon se refiere aquí a la planta que se da por entero y acepta ser incidida para ofrecer gra- tuitamente a los demás su linfa vital. Una inmolación que puede también evocar, de forma simbólica, el martirio de Cristo por la humanidad.

El filósofo retoma, reelaborándolo, el mito del árbol del bálsamo atestiguado ya en las fuentes clásicas (pienso en las *Investigaciones sobre las plantas* de Teofrasto o en la *His- toria natural* de Plinio) y asociado, más adelante, a inter- pretaciones religiosas y morales del Renacimiento. Me pa- rece evidente que la imagen evocada en los *Ensayos* coin- cide de manera indiscutible con un emblema de Joachim Camerarius (1534-1598) que forma parte de su célebre re- copilación titulada *Symbolorum et emblematum ex re her- baria desumtorum centuria una collecta*, publicada en 1590. La *pictura* XXXVI de la centuria I representa a un hombre, vestido al estilo árabe, que hiende el árbol para hacer que manen unas gotas de bálsamo en un pequeño vaso que lleva

XXXVI.
VULNERE VUL-
NERA SANO.

Dic age cùm proprio tua vulnere vulnera sanem,
Stipite cur hominum durior hostis homo es?

en la mano izquierda: en la parte superior destaca el lema «*Vulnere vulnera sano*» ('Con la herida curo las heridas'), mientras que abajo figura el dístico «*Dic age cum proprio tua vulnere vulnera sanem,* | *Stipite cur hominum durior hostis homo es?*» ('Dime, ya que con una herida mía sano tus heridas, | ¿por qué tú que eres un hombre eres para los hombres un enemigo más duro que un árbol?'). El tema del poder terapéutico del bálsamo y de su generosidad (de hecho, cura las heridas de la humanidad con la herida que se le inflige) aparece ya inscrito en los tres elementos (figura, lema y dístico) en los que me he detenido.

Pero, como sucede a menudo, compete al comentario aclarar las fuentes del emblema y exponer su valor moral. Camerarius, en efecto, remite de inmediato al diálogo *De balsamo* (Venecia, 1591) de Prospero Alpino (1553-1616), médico de Vicenza que había vivido unos años en Egipto en el séquito del cónsul veneciano Giorgio Emo, con el preciso propósito de estudiar las plantas:

El excelentísimo y doctísimo médico Prospero Alpino, que durante ocho años ha ejercido con éxito la medicina en Egipto y ahora ejerce el mismo arte en Venecia con gran reconocimiento, ha mostrado por primera vez en nuestro tiempo, por lo que yo sé, y con gran utilidad, en su famoso libro sobre las plantas de Egipto y en el diálogo que ha publicado específicamente dedicado al bálsamo, la verdadera descripción del mismo y el lugar en el que nace además de su imagen, lo cual muestra claramente que este arbusto que todavía nace en la feliz Arabia ha pasado de aquí a Egipto y a Judea, y así quienes lo deseen pueden adquirirlo auténtico y a buen precio [p. 37r].

El autor, siguiendo a su fuente, se detiene en la técnica de recolección del bálsamo (hacer incisiones en la corteza) y en sus efectos terapéuticos (curar llagas y heridas de todo tipo):

XCELLENTISS. *ac peritißimus Medicus D.*
Prosper Alpinus, qui octo annis in Aegypto Medi-
cinam feliciter exercuit, & nunc magna cum lau-
de Venetiis artem eandem factitat, veram Balsa-
mi descriptionem & locum natalem in suo praeclaro libro de
plantis Aegypti, & peculiari dialogo de Balsamo edito, una cum
ejus icone, primus ut puto hisce temporibus nobis cum magna u-
tilitate exhibuit, manifesteque ostendit, hunc fruticem in Ara-
bia felici proprie nunc etiam nasci, ac inde in Aegyptum ac Iu-
daeam semper translatum esse, ac ita qui velint, legitimum nan-
cisci & habere aequo precio posse. Ex hoc frutice liquor iste nobi-
liß. (cujus portiunculam quoque ad nos mittere dignatus est)
vulnerato vel scarificato cortice in aestate destillat, & hodie et-
iam in Aegypto illius magnus usus est ad omnia vulnera ac ul-
cera difficilia ac sordida, aliosque plures ejusmodi affectus. Do-
cemur autem hoc Emblemate de mutua inter homines praestan-
da benevolentia ac promta opera, etiamsi interdum aliquid
propterea laborum & molestiarum sit suscipiendum. Nihil e-
nim (ut Cicero lib. I. de Natura Deorum tradit) bonitate ac be-
neficentia est melius aut praestantius. Quod quidem S. Paulus
multo efficacius ac verius in Epistola ad Coloss. cap III. monet,
ἐνδύσασθε *inquiens* σπλάγχνα οἰκτιρμῶ, χρηστότητα, ταπεινο-
φροσύνην, μακροθυμίαν, πραότητα, *id est, induite viscera com-*
miserationis, benignitatem, animi humilitatem, lenitatem, cle-
mentiam. Et multo ante per prophetam Zachariam mandavit
Deus: ἔλεθ καὶ οἰκτιρμὸς ποιεῖτε ἕκαστθ πρὸς τὸν πλησίον αὐτῦ, καὶ τὸν ἀδελφὸν αὐτῦ.

VUL-

Si se hacen incisiones y se raspa la corteza de este arbusto durante el verano destila este licor nobilísimo (del que también ha querido enviarme una pequeña muestra); y hoy se hace un gran uso de él también en Egipto para curar todas las heridas y llagas difíciles y pútridas y otras afecciones de este género [*ibid.*].

En las líneas finales, sin embargo, el símbolo del bálsamo se asocia directamente con el concepto de «benevolencia recíproca» entre los seres humanos: «De este emblema aprendemos la recíproca benevolencia entre los hombres, el socorro que debe prestarse con toda solicitud, aunque a veces para ello deban asumirse fatigas y molestias» (*ibid.*). No hay cosa mejor y más ventajosa que la bondad y hacer el bien, como también afirman Cicerón y san Pablo, ambos evocados en la conclusión.

El vínculo entre este árbol y la «recíproca benevolencia»—sobre el que han insistido, con razón, Beatrice Antón y Rosa María Espinosa en un detallado ensayo dedicado a la fortuna del tema en algunos textos renacentistas y en el propio Camerarius—parece estar también consolidado en algunas obras de medicina, como confirma una reflexión del médico español Andrés Laguna (1499-1559) en su tratado *Dioscórides* (Amberes, 1555), cuyo capítulo XVIII se titula «Del balsamo». Aquí, en el marco de una crítica a la comunidad judía, se subraya la generosidad de la planta y su valor simbólico para la salvación del género humano («[el bálsamo] ciertamente la más generosa planta, que nació, ni nacerá jamás, para la salud y conservación del linaje humano», pp. 25-27).

Ahora, el propósito filantrópico de Bacon parece clarificarse más aún. Por otra parte, la importancia del amor a la «comunidad» y de la solidaridad humana se subraya asimismo en otros dos ensayos. En las reflexiones dedicadas a la familia y el celibato (*Del matrimonio y la soltería*, VIII) la mujer y los hijos son vistos como un «impedimento para las grandes empresas», mientras que «las mejores obras y de mayor mérito para el público vinieron de hombres solteros o sin hijos, que con su cariño y sus medios se casaron con el público y le entregaron dote». Hay que liberarse del egoísmo propio porque «quienes se aman mucho a sí mismos dañan a los demás»: la «propia persona», de hecho, «es un mísero centro de las acciones humanas» («De la traza con bien de uno mismo», XXIII).

El filósofo inglés, en definitiva, usa la metáfora «geográfica» y sus implicaciones filantrópicas en una excepción ligada al cosmopolitismo y la recíproca benevolencia. Todo lo que se hace por los demás se hace también para uno mismo. Por eso, concentrarse sólo en el propio «yo» o sentirse ciudadano de «una isla» es poca cosa y pura miseria. Pensarse «ciudadano del mundo», en cambio, dilata más allá de toda medida nuestros confines: transforma a la humanidad entera en una comunidad única y nuestro planeta en una patria inmensa.

3. «LAS OLAS» DE VIRGINIA WOOLF: «NO CREO EN LA SEPARACIÓN. NO SOMOS INDIVIDUALES» (LA HUMANIDAD-OCÉANO Y EL INDIVIDUO-OLA)

Pero las *Devociones* no sólo dejaron su impronta entre los contemporáneos. Tres siglos después, es muy probable que también Virginia Woolf recuerde esta meditación de Donne, basada en la negación del hombre-isla recluido en los estrechos límites de su egoísmo. En un contexto completamente diferente (caracterizado ante todo por la necesidad de analizar la compleja interacción entre la polifonía interior que distingue todo «yo» individual y la totalidad indistinta de los seres humanos), la gran escritora inglesa traduce en la espléndida imagen de la ola la misma tensión entre el uno y los muchos, entre la parte y el todo. Publicada en 1931, *Las olas* se constituye como una «novela» experimental. Como las olas (masas individuales de agua que se levantan de la superficie del mar para después, terminado su curso, volver a fundirse en ella), los seis personajes (el séptimo, Percival, no habla, sino que vive a través del relato de los demás) representan el flujo de un «yo» que expresa a su vez su unicidad y su pertenencia a un todo indistinto. Bernard, Susan, Rhoda, Neville, Jinny y Louis dan vida a «monólogos» interiores que rehacen una identidad suspendida entre lo uno y lo múltiple: «Ahora veo con gran claridad que no soy uno y simple, sino múltiple y complejo» (p. 68); «Soy Bernard, soy Byron; soy esto y lo otro» (p. 80); «Estoy dividida en porciones. He dejado de ser una sola entidad» (p. 95); «Os devuelvo rectamente la mirada, hombres y mujeres. Pertenezco a vuestro grupo» (p. 92); «En estos momentos, yo no soy» (p. 103); «Y otra y otra y otra vez [...] También yo soy claro y sin equívocos. Sin embargo, llevo en mí una vasta herencia de experiencias. He vivido mil años» (p. 148); «He fundido en una mis muchas vidas. Con mi perseverancia y decisión he contribuido a trazar en el mapa estas líneas que unen las diferentes partes del mundo» (p. 149); «Al reunirnos y separarnos, montamos diferentes formas, construimos diferentes estructuras. Pero si no clavo estas impresiones en el tablón, y de los muchos hombres no hago uno [...] entonces caeré como la nieve y me frustraré» (pp. 151-152); «No soy un ser único y transitorio [...] Mi destino ha sido recordar, saber que debo formar un solo tejido, saber que debo unir en un solo cable los múltiples hilos, los hilos delgados, los hilos gruesos, los rotos, los imperecederos, de nuestra larga historia, de nuestro día tumultuoso y variado» (p. 181); «Para ti soy sólo "Neville", y ves los estrechos límites de mi vida y la barrera que no puede rebasar. Pero para mí soy inconmensurable, soy una red cuyos hilos pasan sin que se vea por el interior del mundo» (p. 191); «En consecuencia, me dije, yo soy yo mismo y no Neville» (p. 214); «Hay muchas estancias, muchos Bernards. Está el Bernard encantador, pero débil; el fuerte, pero quisquilloso; el brillante, pero desaprensivo; el buen compañero, pero sin la menor duda insoportable pelmazo; el simpático, pero frío; el de abandonado aspecto, pero—id a la estancia contigua—mundano, dicharachero y demasiado bien vestido» (p. 233); «Por un instante, vimos yacente entre nosotros el cuerpo de aquel ser humano completo que no conseguimos llegar a ser, pero que, al mismo tiempo, no podíamos olvidar» (p. 248).

Se trata de un tema principal que, probablemente, guarda también relación con la bellísima página de John Donne. Y, en particular, la frase «No creo en la separación. No somos individuales (p. 61) sugiere con mucha fuerza la famosa imagen en la que el poeta nos recuerda que «ningún hombre es una isla, completo en sí mismo» («*No man is an Iland, intire of it selfe*») y que «todo el mundo es un pedazo del continente, una parte del océano» («*Every man is a peece of the Continent, a part of the maine*»). En este preciso contexto caracterizado por el mar y por las islas, la palabra «*maine*» (que algunos traducen por «todo», a partir del significado de 'principal', 'esencial', 'más importante'; y otros, en cambio, interpretan como «*mainland*», 'tierra firme') puede traducirse también, legítimamente, por «océano»: el lector de la época, en efecto, pudo pensar en esta imagen leyendo la prosa poética del escritor inglés. Por otra parte, no puede excluirse que Donne, después de «*peece of the Continent*», haya querido extender su comparación a la inmensa vastedad oceánica: mientras que «*mainland*» supondría una simple variación de la frase precedente, «*main*» comportaría un enriquecimiento ulterior de la imagen geográfica, añadiendo la dimensión líquida (los mares) a la sólida (las tierras).

Para convencernos, basta con examinar los ejemplos que nos proporciona el *Oxford English Dictionary*, en el que figuran citas extraídas de autores que vivieron entre los siglos XVI y XVII. O bien pueden leerse algunos versos de William Shakespeare en los que la acepción de «océano» es indiscutible: pienso, sólo para señalar unos pocos, en «*Into the tumbling billows of the main*» («Entre los flujos arremolinados del océano», *La tragedia del Rey Ricardo III*, I, 4, 20), en «*Even till that England, hedged in with the main*» («Aquella Inglaterra, rodeada por una cinta de agua», *Vida y muerte del Rey Juan*, II, I, 26) o en «*On your broad main doth wilfully appear*» («En vuestro amplio piélago [mi barquilla] navega deseosa», *Sonetos*, 80, 8).

Y, tres siglos después, también James Joyce sigue utilizando en el *Ulises* la palabra «*main*», que conserva su ambigüedad. Aunque casi todos los traductores (en diferentes lenguas) traducen «*main of America*» pensando en la tierra firme («Tomamos el mar con un pequeño barco para ir a redescubrir América» [«*And put to sea to recover the main of America*»], episodio XIV), el hecho de que los marineros icen «una bandera con una calavera» alude claramente a su condición de «piratas» y, por lo tanto, al hecho de que la conquista puede legítimamente involucrar sobre todo las extensiones marinas (no en vano Enrico Terrinoni traduce a contracorriente: «Y zarparon a reconquistar el gran mar de América»). El mismo discurso, con más razón, debería ser válido para una lectora culta (y contemporánea de Joyce) como Virginia Woolf, que conocía bien—pensemos en los ensayos recopilados en *El lector común*—a Philip Sidney, Edmund Spenser, el Bardo y, en general, la literatura isabelina.

Así, Virginia Woolf utiliza la imagen de la ola para representar a los seres individuales humanos como «parte del océano» (o de un «todo» líquido). Todo individuo es una parte de la humanidad, como la ola es una parte del océano. Toda ola es al mismo tiempo única e idéntica a las demás. Igualmente, el flujo de los soliloquios se resuelve en el océano de la «novela», mientras que el «humo de mi frase», como una ola, «alzándose y descendiendo, balanceándose y descendiendo» (p. 119). En este toma y daca, este hacerse y deshacerse, se concreta la esencia misma de la vida («Estoy constantemente en trance de reconstrucción», *ibid.*) y de la escritura («Pero, si no hay historias, ¿qué final puede haber, qué principio?», p. 239).

Y la lectura misma de los *Diarios* lo confirma: el devenir y el continuo movimiento plural de la existencia han influido mucho también en las elecciones de la forma de la novela y de la poética que las ha inspirado. Virginia Woolf no refiere una historia («No busco referir una historia», 28 de mayo de 1929), sino que quisiera representar «islas de luz» flotantes, privadas de cualquier anclaje y arrastradas en un flujo incesante («islas en la corriente», *ibid.*). En las palabras de Bernard parece reverberar la aspiración de Virginia Woolf de encontrar una historia que pueda contener «los miles de historias» narradas:

Me he inventado miles de historias, he llenado innúmeras libretas con frases que utilizar cuando encuentre la verdadera historia, la historia a la que estas frases hacen referencia. Pero aún no he encontrado la historia. Y comienzo a preguntarme: ¿hay realmente historias? [*Las olas*, p. 167].

Así, también en el plano de la escritura el reto es siempre el mismo: ¿cómo transformar «fragmentos» separados («Hasta ahora es una mezcla de fragmentos», 16 de febrero de 1930) en una obra unitaria («Probablemente carente de unidad», 30 de diciembre de 1930)? ¿Cómo amalgamar las frases individuales («Afilar y hacer refulgir las frases bellas. Una ola tras otra», 1.º de mayo de 1930) y los soliloquios («*Las olas* creo que se reduce […] a una serie de soliloquios dramáticos») en una narración homogénea («Lo importante es hacer pasar las olas de tal modo que se compenetren de manera homogénea según su ritmo», 20 de agosto de 1930; «Si consiguiera volver más compactas las escenas—principalmente por medio del ritmo», 30 de diciembre de 1930)?

La escritora pone en escena «islas de luz» (otra imagen insular) y olas hechas de palabras y experiencias vividas, en las que es posible, por un momento, reconocer la existencia de los individuos anegada en el mar de la humanidad. En otra página significativa de *Las olas*, Virginia Woolf alude al título del texto mismo de Donne («Ahora esta campana que dobla suavemente por otro me dice: eres tú quien debe morir»): «A lo lejos dobla una campana, pero no dobla por un muerto. Hay campanas que tocan a vida. Cae una hoja y cae de alegría. Amo la vida, estoy enamorado de la vida» (p. 73). Ahora, el tema de la insularidad y el de la campana (este último, en particular, inspirará el título de la famosa novela de Ernest Hemingway *Por quién doblan las campanas*, publicada en 1940), estrechamente ligados en la «meditación» del poeta inglés, se encuentran entrelazados en la trama líquida que caracteriza el título *Las olas*.

Y no en vano, Woolf cambiará la conclusión de la novela («Quisiera fundir todos los fragmentos intermedios en el discurso final de Bernard, y acabar con las palabras *Oh, soledad*», anota en los *Diarios* el 22 de diciembre de 1930) para confiar de nuevo a Donne la última palabra en los pasajes finales: «La muerte es el enemigo. Es la muerte contra la que cabalgo, lanza en ristre y melena al viento» (p. 266). En esta paráfrasis libre de un soneto de las *Poesías sacras* («*Death, be not proud, though some have called thee | Mighty and dreadful*» [«Muerte, no seas soberbia, aunque te hayas llamado | poderosa y terrible»]) se encierra la paradoja de la «muerte de la Muerte» (con este verso se cierra el soneto: «*And death shall be no more; Death, thou shalt die*» [«Y la muerte ya no será; Muerte, tú morirás»]), pero declinado en una clave completamente terrenal, ajena al horizonte místico y metafísico de la fuente. En definitiva, vivir es también una batalla continua, una alternancia de tomas y dacas, un esfuerzo sin tregua para asir lo inasible: «Todo ha terminado, nos hemos acabado. Pero espera [...] de nuevo un impulso nos recorre. Nos levantamos, lanzamos al aire hacia atrás una melena de blanca espuma pulverizada. Golpeamos sordamente la arena. No podemos quedar limitados» (p. 239); «Dije: "¡Lucha, lucha!", y lo repetí. Es el esfuerzo y la lucha, es la perpetua guerra, es el hacer añicos y el recomponer, ésta es la cotidiana batalla, la derrota o la victoria, el absorbente empeño» (p. 241).

Para Virginia Woolf, vida y muerte, marcadas por el continuo flujo del tiempo, se suceden y anulan en la circularidad de un perenne ir y venir. El agua misma—tema presente en muchas de sus obras—puede generar el nacimiento de una cosa y decretar, a continuación, su fin. Un ir y venir que la escritora consignará en sus *Diarios*, aludiendo a una poesía de Matthew Arnold: «Y después nos avergonzamos de volver atrás—y después se vuelve atrás—y después todo vuelve a empezar de nuevo como el río o como el mar de Matthew Arnold, que vuelve atrás, etc., etc.)». En esta reflexión del 15 de mayo de 1929, cuando el proyecto de la obra carece todavía de forma y se presenta incluso con un título incierto (*The Moths*, 'Las polillas'), Virginia Woolf piensa en los célebres versos de *Dover Beach* (*La playa de Dover*, 1867) en los que Arnold describe el perenne movimiento de la ola:

> *Listen! You hear the grating roar*
> *Of pebbles which the waves draw back, and fling,*
> *At their return, up the high strand,*
> *Begin, and cease, and then again begin,*
> *With tremulous cadence slow, and bring*
> *The eternal note of sadness in.*

[¡Escucha! Puedes oír el rugir de las piedras | que las olas agitan, arrojándolas | a su regreso allá en el ramal de arriba, | comienza y cesa, y luego comienza otra vez, | con trémula cadencia disminuye, y trae | la eterna nota de la melancolía].

Pero hay algo más: en esta poesía, entretejida de misterio, surge el retrato de una humanidad miserable—encerrada en el pequeño círculo de sus egoísmos, en los «flujos y reflujos de la desventura humana», debido a la dolorosa pérdida de la fe y a las dramáticas incertidumbres que derivan de ello—que, quizá, sólo podrá encontrar un ilusorio consuelo en la unión regeneradora con el «otro», en el amor fiel («*Ah, love, let us be true | To one another!*» [«¡Amor mío, seamos fieles el uno al otro!»]).

Dos años antes, en 1865, Walt Whitman publica en Estados Unidos un poema («Out of the Rolling Ocean the Crowd» [«Del océano rodante de la multitud»]), recogido después definitivamente en la sección «Hijos de Adán» de

Hojas de hierba, en el cual el tema de la gota-individuo y de la indiferente masa oceánica ocupan una posición central. Una gota se desprende suavemente, por un instante, de la infinita extensión marina para unirse al poeta:

Out of the rolling ocean the crowd came a drop gently to me,
Whispering I love you, before long I die,
I have travell'd a long way merely to look on you to touch you,
For I could not die till I once look'd on you,
For I fear'd I might afterward lose you.

[Del océano rodante de la multitud una gota llegó hasta mí suavemente, | y me dijo al oído: «Te amo, pronto moriré, | he recorrido una gran distancia únicamente para mirarte y para palparte, | porque no podía morir sin haberte mirado una vez, | porque temía perderte»].

Pero el miedo a la disolución y a la pérdida por las uniones de las gotas individuales (cada gota específica ligada a otra gota) encuentra la garantía de una segura reunificación en la certeza de pertenecer a un todo indistinto (el océano):

Now we have met, we have look'd, we are safe,
Return in peace to the ocean my love,
I too am part of that ocean my love, we are not so much separated,
Behold the great rondure, the cohesion of all, how perfect!
But as for me, for you, the irresistible sea is to separate us,
As for an hour carrying us diverse, yet cannot carry us diverse
*   forever;*
Be not impatient – a little space – know you I salute the air, the
*   ocean and the land,*
Every day at sundown for your dear sake, my love.

[Nos hemos conocido ya, nos hemos mirado, estamos seguros, | vuelve en paz al océano, mi amor, | yo también soy una parte de ese océano, mi amor, no estamos muy lejos el uno del otro, | contempla la vasta redondez, la cohesión de todas las cosas, ¡qué perfectas son! | Mas en cuanto a mí, en cuanto a ti, el mar irresistible va a separarnos, | nos mantendrá apartados una hora, mas no podrá hacerlo eternamente, | no te impacientes—espera un momento—sabe que yo saludo al aire, al océano y a la tierra, | todos los días al atardecer, por ti, mi amor].

A las uniones entre las gotas singulares sigue el flujo y el reflujo en la inmensidad oceánica. En esta bellísima imagen de sabor lucreciano, Whitman representa a los individuos como átomos que se unen y separan para volver a unirse al todo indistinto (la naturaleza). Ciertamente no es fácil desvelar por entero el misterio de estos versos. Sin embargo, es evidente que la gota y el poeta pertenecen al mismo océano de la vida. Toda gota es única y, al mismo tiempo, forma parte del mar infinito de la humanidad: «Vuelve en paz al océano, mi amor, | yo también soy una parte de ese océano, mi amor, no estamos muy lejos el uno del otro». Las separaciones y las uniones entre gotas son cíclicas («Mas en cuanto a mí, en cuanto a ti, el mar irresistible va a separarnos, | nos mantendrá apartados una hora [*carrying us diverse*], mas no podrá hacerlo eternamente [*carry us diverse forever*]»). En la infinita extensión oceánica ninguna gota singular está nunca separada de las demás.

Virginia Woolf conoce muy bien los poemas de Whitman. Y habla de ellos con entusiasmo en un artículo publicado en enero de 1918 en las columnas del *Times Literary Supplement*. Se trata de un «encuentro» que tendrá también una probable prolongación en la novela *Las olas*: en esta obra, según un ensayo reciente de Neal E. Buck, el poeta americano podría incluso ser identificado con el personaje Bernard. Buck analiza convergencias y divergencias entre ambos autores en el terreno de la poética y de la política (relación individuo-sociedad y concepción de la democracia). Pero entre las interesantes coincidencias que propone no figura esta poesía, cuyo verso «Yo también soy una parte de ese océano, mi amor, no estamos muy lejos el uno del otro» me parece estrechamente ligado a la frase «No creo en la separación. No somos individuales» (p. 61). La notable presencia de metáforas oceánicas en *Hojas de hierba* merecería un análisis minucioso. Por otra parte—como subraya Edward Carpenter, poeta y militante socialista inglés y autor del libro *Days with Walt Whitman* (1906)—, uno de los rasgos distintivos de su personalidad es precisamente «ese maravilloso genio suyo para los afectos humanos y para el amor» (p. xiv). Son conocidas, en efecto, las simpatías que escritoras y escritores comprometidos (Emma Goldman o Allen Ginsberg) experimentaban por este «cantor de la igualdad (también sexual) y de la democracia» (p. xciv). Y entonces surge espontánea la pregunta: ¿hay también en Whitman un reflejo de la famosa imagen de Donne? No tengo todavía la respuesta. No he logrado encontrar, hasta el momento, un indicio creíble que confirme el interés del poeta estadounidense por el autor de las *Devociones*.

Ahora, tras estas divagaciones, la imagen de Virginia Woolf adquiere mayor claridad: el individuo es a la humanidad lo que la ola es al océano. Una ola muere aquí mientras en otro lugar nace otra de la misma agua («Las olas rompían y deslizaban rápidamente sus aguas sobre la arena. Una tras otra, se alzaban y caían [...] Las olas caían. Se retiraban y volvían a caer», p. 134). La misma muerte de Percival demuestra que, a pesar de la desintegración del cuerpo, se puede continuar existiendo en otro lugar («Has cruzado el ancho patio, te has alejado más y más, y has adelgazado más y más el hilo entre tú y yo. Pero en algún lugar existes. Algo queda de ti», p. 138).

Compete a Bernard (el personaje destinado, hasta un momento antes de la clausura de la novela, a pronunciar las frases finales) recordar cómo, en un mismo instante, una vida se extingue aquí mientras otra surge en otro lugar: «Ha nacido mi hijo. Ha muerto Percival [...] Sólo sé que necesito silencio, estar solo, irme, y dedicar una hora a considerar lo que ha ocurrido en mi mundo, lo que la muerte ha hecho a mi mundo» (p. 136), y también Jinny observa: «La vida viene. La vida se va» (p. 157).

De esta forma, Virginia Woolf (a pesar de las pulsiones suicidas que la empujaron, exactamente diez años después de *Las olas*, a ahogar su existencia en las aguas de un río) transforma el *memento mori* en un himno a la vida: «¿Acaso no se ve que todavía tengo muchas ganas de vivir?», anota el 21 de febrero de 1930, en plena escritura de la novela, mientras que en los soliloquios de Bernard («Pero ahora quiero vida a mi alrededor», p. 141; «La vida es agradable. La vida es buena. El proceso de la vida, en sí mismo, es satisfactorio», p. 234) y de Susan («¡Basta, estoy ahíta de felicidad natural!», p. 154) emanan rayos de luz capaces de rasgar las tinieblas de la existencia.

Y no obstante las diferencias (no sólo históricas) entre Donne y Woolf, los temas que hemos indagado en los escritos de ambos autores convergen en un punto: el sufrimiento de los individuos y de la humanidad en sus múltiples formas («Hay otra gente que sufre. Multitudes y multitudes forman los que sufren», p. 141) nos ayuda a medir la dolorosa distancia entre los seres humanos y a entender que nuestra vida tiene sentido porque formamos parte de la humanidad: «Mi ser sólo destella cuando todas sus facetas entran en relación con mucha gente. Haced que falten, y estoy lleno de orificios, perdiendo porciones y porciones, como un papel quemado» (p. 166). Sería imposible percibir nuestra existencia sin los *otros* y sin la conciencia de los lazos que unen nuestras vidas hasta el extremo de hacer imperceptibles sus diferencias:

Nuestros amigos, qué poco los visitamos, qué poco los conocemos, es verdad. Pero, cuando conozco a alguien e intento esbozar, aquí, en esta mesa, lo que yo llamo «mi vida», esta vida no es una vida contemplada en el recuerdo; no soy una sola persona; soy muchas personas; ni siquiera sé quién soy—Jinny, Susan, Neville, Rhoda o Louis—, ni sé distinguir mi vida de la suya [p. 247].

Por otro lado, el interés de Virginia Woolf por Donne es notorio. La escritora lo recuerda explícitamente en los *Diarios* cuando expresa el deseo de entrar en la catedral de Saint Paul en Londres para visitar la estatua fúnebre del poeta, realizada por Nicholas Stone en 1631 y recientemente restaurada («Estaba a punto de entrar en Saint Paul y visitar al doctor Donne, ahora nuevamente visible, pero me he dicho a mí misma que tenía prisa y he proseguido a lo largo del Strand», 23 de octubre de 1930). Y ya en 1922, el epónimo protagonista de la novela *El cuarto de Jacob* había ofrecido a uno de los personajes femeninos (Sandra) precisamente un volumen del gran poeta (XII, pp. 175-176). Pero, sobre todo, la conexión más significativa se revela con motivo de las celebraciones del tercer centenario de la muerte de Donne (1631-1931), cuando la escritora le dedica un ensayo, que se publicará en 1932 («Donne tres siglos después», en *El lector común*). Aquí Virginia Woolf—que se propone «analizar el significado que tiene su voz para nosotros […] tras su largo vuelo a través de los mares tormentosos que nos separan de la era de Isabel» (p. 118)—se detiene en la extraordinaria fuerza de los «hermosos versos» con los que «sorprende y subyuga al lector» (p. 119).

Donne, bajo «el ímpetu de su pasión», realiza un gran milagro: «Los elementos que estaban dispersos en la corriente habitual de la vida se transforman en un todo único» (p. 119). Esta particular cualidad suya, que difícilmente se encuentra en otros poetas, nos atrapa concentrando la esencia del discurso en poquísimas palabras. Pero es una esencia que «mientras opera dentro de nosotros, se separa en extraños contrarios que contrastan entre sí» (p. 120).

Y, al analizar los retratos femeninos presentes en los versos de Donne (no hay que olvidar la atención que la escritora presta a las mujeres y sus batallas públicas en defensa de sus derechos), Woolf describe el «yo» del poeta suspendido entre la unicidad y la multiplicidad. Así, «vemos pasar en procesión a las muchas mujeres que amó y odió»:

… corrientes y excepcionales, sencillas y sofisticadas, jóvenes y viejas, nobles y plebeyas, y de cada una emana un encanto diferente y revela un enamorado diferente, aunque el hombre sea el mismo hombre, y las mujeres, quizá, sean también fases de la condición de mujer, más que mujeres individuales y distintas [p. 126].

No es difícil captar en estas líneas, como en un espejo, las reflexiones que la escritora dedica a los mismos personajes presentes en su novela experimental. ¿Acaso los siete protagonistas no son, al mismo tiempo, seres diversos y reflejos diferentes de un «yo» único?

A Virginia Woolf, en definitiva, le interesa sobre todo el Donne capaz de registrar «con tanta curiosidad el flujo y el cambio de la vida humana» y los «contrastes que se derivan de ello» (p. 137). Fascinada por el retrato oximórico del «yo» del poeta (pensemos en los versos del soneto XIX, considerado su «testamento espiritual»): «*Oh, to vex me, contraryes meet in one*» [«Ay, para vejarme, los contrarios

36

se encuentran en uno»]), Woolf habría podido reconocer en la *coincidentia oppositorum* sus repentinas mutaciones humorales.

En cualquier caso, aunque de maneras diversas y movidos por intereses diferentes, ambos han combatido tenazmente la enfermedad, considerada sin embargo como una oportunidad para relatar, para dar forma a la propia interioridad. Donne concibe las *Devociones* todavía convaleciente, después de una larga y terrible enfermedad; y la escritora, suspendida siempre entre las alegrías y los dolores de la vida, madura *Las olas* a la merced de sus habituales «turbaciones» del ánimo. Y así—fascinada por la tensión entre lo uno y lo múltiple, entre el ser y el no ser, entre soliloquio y polifonía, entre separaciones y uniones, entre particular y universal, entre orden y desorden, entre vida y muerte—no es difícil imaginar que Woolf, absorbida en la redacción de su novela experimental, haya podido encontrar inspiración también en las *Devociones para circunstancias inminentes* (reimpresas en 1923), en las cuales, en la «estación» decimoséptima, figura precisamente la imagen de la insularidad que ha servido de hilo rojo en nuestro breve viaje entre los «monólogos interiores» del poeta y los de la escritora.

4. SÉNECA Y CICERÓN: VIVIR PARA LOS DEMÁS

Hay otros ejemplos que también podrían demostrar la importancia del vínculo que une al individuo con el resto de los seres humanos. Pienso en el extraordinario *zibaldone* ('borrador') de pensamientos que conforman las *Cartas morales a Lucilio* de Séneca. En ellas es posible encontrar reflexiones que, incluso cuando parecen estar ligadas a las situaciones cotidianas más banales, constituyen siempre una valiosa oportunidad para discutir en torno a la práctica de la virtud y a algunos grandes temas filosóficos conectados con ella (sólo por citar algunos: la vida, la muerte, la amistad, la soledad, el suicidio, la vejez, la honestidad, la felicidad, el poder, y habría que añadir las meditaciones sobre literatura, arte, historia). Dialogando con su amigo Lucilio, el filósofo latino se pregunta cómo debe ser su comportamiento con el prójimo:

He aquí otra cuestión: ¿cómo hay que tratar a los hombres? ¿Qué debemos hacer? ¿Qué preceptos damos? ¿No derramar sangre humana? ¡Bien poco es no hacer daño a quien debemos favorecer! Gran mérito supone, sin duda, que un hombre sea afable con otro hombre. ¿Le preceptuamos que alargue la mano al náufrago, que indique el camino al que se ha extraviado, que comparta el pan con el hambriento? ¿Por qué voy a enumerar todo cuanto hay que hacer y evitar? Puedo enseñarle en pocas palabras esta norma que regula los deberes humanos: todo esto que ves que incluye las cosas divinas y las humanas es una unidad: somos miembros de un gran cuerpo [Séneca, *Epístolas morales a Lucilio*, xv, 95, 51-52].

Limitarse a no perjudicar al prójimo no basta. Es algo que merece «una gran alabanza», pero a fin de cuentas se trata de «bien poca cosa». Sin embargo, más allá de cualquier precepto singular y de toda acción específica, existe un criterio para orientar los propios comportamientos, una regla general que nos enseña, con una «fórmula breve», cuáles son los verdaderos «deberes humanos»: ser consciente de que «eso que ves» y en lo cual vivimos «es todo uno» y que nosotros como seres humanos «somos miembros de un gran cuerpo». Únicos, y al mismo tiempo parte de un «todo» único. Para Séneca, «la naturaleza nos ha hecho parientes, sacándonos de los mismos principios y destinándonos a los mismos fines»:

La naturaleza estableció la equidad y la justicia; por decreto suyo es mayor desgracia dañar que ser dañado; por mandato suyo las manos han de estar dispuestas a ayudar. Esté siempre en nuestro corazón y en nuestra boca aquel verso: «Hombre soy y nada humano me es ajeno». Tengamos las cosas en común, pues hemos nacido para la comunidad. Nuestra sociedad es muy semejante al abovedado, que debiendo desplomarse si unas piedras no sostuvieran a otras, se aguanta por este apoyo mutuo [*ibid.*, 52-53].

Aquí, el verso extraído de una comedia de Terencio (*Heautontimorumenos*, *El verdugo de sí mismo*, v. 77)—que ha gozado de una gran fortuna en el transcurso de los siglos, desde Cicerón hasta Juvenal, desde san Agustín hasta Juan de Salisbury, Dostoievski y Gide—Séneca lo utiliza en un contexto enteramente dominado por el tema de la solidaridad humana: todo lo que concierne a los hombres me interesa, porque soy un hombre. Todo ser humano es, de hecho, una piedra individual, que, unida a las demás, contribuye a sostener el peso de la bóveda. Poner «las cosas en común» significa favorecer la amalgama necesaria para hacer que toda tesela se una a las demás para componer una sociedad humana sólida (capaz de resistir cualquier peso) y solidaria (capaz de cimentar las partes singulares en un «todo» orgánico).

En otra carta, Séneca explica con claridad que los «estudios liberales» («*liberalia studia*») ayudan a cultivar «un sentido de humanidad», capaz de frenar la arrogancia y la avidez:

La benignidad nos prohíbe ser orgullosos con los compañeros, nos prohíbe ser avaros; en palabras, en actos, en sentimientos se muestra afable y fácil para todos […] y si se complace en un bien suyo, es sobre todo porque sabe que será provechoso a algún otro. ¿Acaso las artes liberales prescriben estas costumbres? [*ibid.*, XI, 88, 30, pp. 630-631].

En definitiva, es necesario abrazar acciones y pensamientos que no se limiten exclusivamente a satisfacer nuestro individualismo, sino que puedan, con perspectiva, revelarse ventajosos también para la más amplia comunidad humana a la que pertenecemos. Quien no es capaz de vivir para los demás tampoco vive para sí mismo («No vive para sí […] quien no vive para nadie», *ibid.*, VI, 55, 5). No se puede ser feliz, en efecto, pensando sólo en uno mismo («No es posible que viva feliz quien no mira sino a sí mismo, y todo lo refiere a la utilidad propia»). Sólo podemos vivir en concreto para nosotros, dando también un sentido fuerte a nuestra existencia, cuando conseguimos vivir para los demás de una manera auténtica («Si quieres vivir para ti mismo, tienes que vivir para otro», *ibid.*, V, 48, 2).

Partiendo de una carta de Platón («Pero también debes tener en cuenta una cosa: que cada uno de nosotros no ha nacido sólo para sí mismo», IX, 358a), ya Cicerón había subrayado en el *De officiis* que «no hemos nacido sólo para nosotros» y que «lo que se engendra en la tierra todo es creado para el uso de los hombres, y los hombres han sido engendrados en razón de los hombres—para que entre ellos puedan favorecerse unos a otros—» (I, 7, 22). Así, siguiendo la naturaleza, los seres humanos podrán poner las cosas en común y estrechar duraderos lazos sociales entre ellos:

Debemos seguir la guía de la naturaleza en lo de poner a disposición general los bienes de utilidad común mediante la prestación de servicios, aportando y recibiendo; y en lo de afianzar la asociación de los hombres entre sí tanto mediante la experiencia como por el esfuerzo, como con los recursos [*ibid.*].

5. «EL JARDÍN DE LAS ROSAS» DE SAADI DE SHIRAZ: TODOS SOMOS «HOMBRES CREADOS DE LA MISMA FUENTE»

Cicerón y Séneca no son ciertamente los únicos ejemplos posibles en el vasto océano de la Antigüedad. Podríamos citar a otros muchísimos autores. Pero sus reflexiones nos han ayudado a identificar temas que vuelven con insistencia en las literaturas más diversas de cualquier época. Pienso, por ejemplo, en el clásico medieval persa *El jardín de las rosas* (o *Gulistán*), de Saadi de Shiraz (*c.* 1184-1291), que en una serie de memorables versos (algunos, no por azar, esculpidos en el palacio de cristal de la ONU de Nueva York) nos recuerda que todos los seres humanos han sido «creados de la misma fuente» y que el dolor de nuestros semejantes nos afecta.

En un relato ambientado en la mezquita de Damasco, el autor encuentra «a un rey de Arabia, famoso por su gobierno injusto» y lo invita a «ser clemente con [sus] súbditos» (pp. 44-45):

> Es pecado, con armas poderosas
> de los débiles los dedos aplastar.
> ¿No teme el que abusa del caído
> caer a su vez y no encontrar
> la mano que pueda darle auxilio?
> Quien planta mala simiente y confía
> recoger después buena cosecha
> es en vano todo lo que espera
> y fútil aquello que imagina.

Escucha los gritos de tu pueblo,
dispensa con justicia tu gobierno.
Si no lo haces, has de recordar
que el día del Juicio llegará.

Quien es poderoso no sólo no debe «de los débiles los dedos aplastar» porque cometería un «pecado», sino también dispensar «con justicia [su] gobierno». Somos todos hijos de Adán, «creados de la misma fuente». Y si una parte singular experimenta dolor, el mismo sufrimiento se refleja necesariamente en las otras partes conectadas entre sí:

La raza humana se compone
de hombres creados de la misma fuente.
Si sufre uno de esos hombres
no deben los demás ser indiferentes.

También aquí reencontramos la idea de una humanidad en la que los individuos particulares se reconocen componentes de un todo idéntico. Éste es el motivo por el cual un ser humano que no se preocupe por las penas y los padecimientos de sus semejantes «al nombre de hombre no [tiene] derecho» («¡Tú, impasible ante el dolor ajeno | al nombre de hombre no tienes derecho!», *ibid.*). Si alguien es indiferente a los sufrimientos ajenos, significa que el lazo con la humanidad se ha roto y que, en consecuencia, ha renunciado a ser humano.

En definitiva, en el marco de una obra compleja que da testimonio de los intereses morales y religiosos del autor, surgen con fuerza reflexiones en las que se subraya la unidad del género humano incluso más allá de toda división asociada con las distintas profesiones de fe. En el Proemio, en efecto, se pone de manifiesto que «con seguridad Su misericordia lo abarca todo» y que «Su mesa se extiende por doquier» (p. 21):

Señor de misericordia, Tú que al guébero [al zoroastriano] y al
    cristiano
el pan diario das en providencia,
¿cómo podías privar a Tus amigos,
Tú que hasta a Tus enemigos contemplas con benevolencia?

Zoroastrianos, cristianos o musulmanes (los «amigos»): la benevolencia de Dios no hace distinciones: «enemigos» o «amigos», la divinidad ofrece a todos su alimento y su necesario sostén.

6. MONTAIGNE: «CONSIDERO A TODOS LOS HOMBRES COMO MIS COMPATRIOTAS»

Nadie mejor que Montaigne ha concentrado precozmente su atención en la descripción de sí mismo. En la breve página dirigida «Al lector» («Así, lector, soy yo mismo la materia de mi libro; no es razonable que emplees tu tiempo en un asunto tan frívolo y tan vano», pp. 5-6) y en otros lugares de *Los ensayos* («No escribo mis acciones, me escribo yo, mi esencia», II, VI, p. 547; «todos miran delante suyo; yo miro dentro de mí. No tengo tratos sino conmigo mismo, me considero incesantemente, me examino, me pruebo»; II, XVII, p. 993) el filósofo francés subraya, en numerosas ocasiones, el esfuerzo que dedica a realizar un «autorretrato» natural y exento de todo artificio («Quiero que me vean en mi manera de ser simple, natural y común, sin estudio ni artificio. Porque me pinto a mí mismo», p. 5).

Sin embargo, esta escritura de sí, para existir, necesita

ante todo del *otro*. En las magníficas páginas de *Los ensayos*—aunque los otros le sirvan para hablar de sí mismo: «No alego a los otros sino para alegarme tanto más a mí mismo» (i, xxv, p. 186)—, el análisis introspectivo se construye siempre, en cualquier caso, en relación con varios interlocutores. Sea en carne y hueso (pensamos en Étienne de La Boétie, en su padre o, genéricamente, en grupos de contemporáneos), sea materializados metafóricamente en los libros («Hablo al papel como hablo al primero que me encuentro», iii, i, p. 1179: sus estimados clásicos, con los que Montaigne dialoga a diario, de la misma manera que Maquiavelo dialogaba con los antiguos en su famosa carta enviada desde el exilio a Vettori), la presencia del otro es fundamental para permitir una mirada interior capaz de expresar reflexiones sobre las variopintas imágenes del propio «yo» y sobre el problemático mundo que le circunda. Se trata de un ejercicio introspectivo que tiene el mérito no sólo de juzgarse a sí mismo, sino también de ayudar a entender con más atención a los demás:

La prolongada atención que dedico a examinarme a mí mismo me habitúa a juzgar también a los demás de manera aceptable, y hay pocas cosas de las que hable con más acierto y excusa. Me sucede a menudo que veo y distingo con mayor exactitud las cualidades de mis amigos que ellos mismos. He asombrado a alguno por la pertinencia de mi descripción, y le he dado a conocer a sí mismo. Como me he habituado desde la niñez a mirar mi vida en la ajena, he adquirido una disposición estudiosa en la materia. Y, cuando pienso en ello, dejo escapar pocas cosas a mi alrededor que sean útiles: disposiciones, humores, razonamientos. Lo estudio todo: lo que he de evitar, lo que he de seguir. Así, a mis amigos, les descubro sus tendencias internas por sus manifestaciones [iii, xiii, p. 1608].

Por ejemplo, las magníficas páginas dedicadas al «misterio» de la amistad y a las fuerzas impenetrables que ligan de forma indisoluble a dos seres humanos—cuya síntesis Montaigne encierra en la famosa fórmula destinada a expresar su amor por Étienne de La Boétie: «Porque era él; porque era yo»—son todavía un *unicum* en la historia de la cultura:

En la amistad de que yo hablo, [las dos almas] se mezclan y confunden entre sí con una mixtura tan completa, que borran y no vuelven a encontrar ya la costura que las ha unido. Si me instan a decir por qué le quería, siento que no puede expresarse más que respondiendo: porque era él, porque era yo. Hay, más allá de todo mi discurso, y de cuanto pueda decir de modo particular, no sé qué fuerza inexplicable y fatal mediadora de esta unión. Nos buscábamos antes de habernos visto y por noticias que oíamos el uno del otro, las cuales causaban en nuestro afecto más impresión de la que las noticias mismas comportaban, creo que por algún mandato del cielo. Nos abrazábamos a través de nuestros nombres. Y en el primer encuentro, que se produjo por azar en una gran fiesta y reunión ciudadana, nos encontramos tan unidos, tan conocidos, tan ligados entre nosotros, que desde entonces nada nos fue tan próximo como el uno al otro [I, XXVII, pp. 250-251].

La auténtica amistad, en efecto, no tiene otra base que la libre elección del *otro*. La «comunicación» que la nutre escapa a cualquier tipo de vínculo (biológico o amoroso, poco importa) o de interés utilitarista. Por eso en la relación entre padre e hijo o entre hermanos, determinada por la consanguinidad, no se dan las condiciones ideales para generarla («De hijos a padres, se trata más bien de respeto. La amistad se nutre de comunicación, y ésta no puede darse entre ellos porque la disparidad es demasiado grande, y acaso vulneraría los deberes naturales», I, XXVII, p. 243):

Además, ¿por qué habría de darse en ellos la correspondencia y relación que generan las amistades verdaderas y perfectas? Padre e hijo pueden tener temperamentos enteramente alejados, y los hermanos también: es mi hijo, es mi pariente, pero un hombre brutal, un malvado o un necio. Y también, en la medida que se trata de amistades impuestas por la ley y la obligación natural, tienen tanto menos de elección nuestra y de libertad voluntaria [I, XXVII, p. 244].

La amistad, en suma, es un «santo lazo» («*sainte couture*») que encuentra su «alimento» más elevado en la «conversación» («*conférence*») y en la «comunicación» («*communication*») entre dos seres humanos (*ibid.*, p. 247). Por otra parte, en el capítulo dedicado al arte de la conversación, insiste varias veces en la importancia esencial que tiene el diálogo con el *otro* para realizar las propias «fantasías»: «El ejercicio más fructífero y natural de nuestro espíritu es, a mi entender, la discusión. Su práctica me parece más grata que la de cualquier otra acción de nuestra vida» (III, VIII, p. 1377). Montaigne reconoce en el oído y en la palabra una superioridad indiscutible con respecto a la vista misma («Y ésa es la razón por la cual si ahora mismo me obligaran a elegir, creo que aceptaría más bien perder la vista que perder el oído o el habla», III, VIII, p. 1378). El «estudio de los libros», en efecto, «es un movimiento lánguido y débil, que no enardece». Sólo el diálogo permite un intercambio capaz de mantener siempre vivo el interés y el aprendizaje que sigue («La conversación enseña y ejercita a la vez», *ibid.*). Sin embargo, se necesitan interlocutores que tengan el «alma fuerte»:

Si discuto con un alma fuerte y un duro justador, me hostiga los flancos, me provoca por la derecha y la izquierda, sus fantasías realzan las mías. El celo, el orgullo, la tensión me empujan y me elevan por encima de mí mismo. Y el unísono es una cualidad del todo fastidiosa en la discusión. Pero, así como nuestro espíritu se fortalece mediante la comunicación con espíritus vigorosos y ordenados, no puede decirse hasta qué punto pierde y degenera debido al continuo trato y la frecuentación que tenemos con espíritus bajos y enfermizos. No hay contagio que se difunda como éste. Lo he comprobado por experiencia suficiente a mis expensas. Me gusta disputar y razonar, pero con pocos hombres y para mí [*ibid.*].

Pero la conversación es asimismo una fuente de placer. Una idea o una reflexión de cualquier naturaleza sólo produce satisfacción cuando puede comunicarse: «Ningún placer tiene sabor para mí si no puedo comunicarlo. A mi alma no se le ocurre una sola idea buena sin que me disguste haberla producido yo solo, y no tener a quien ofrecerla» (III, IX, p. 1833). En definitiva, un «alma fuerte» se hace necesaria para ejercitar el espíritu y, al mismo tiempo, para gozar plenamente de la alegría que deriva de compartir el saber.

Así, Montaigne no sólo reconoce la importancia del otro, sino que sabe muy bien que en toda individualidad cambiante se refleja la entera condición humana: «Toda la filosofía moral se aplica con la misma propiedad a una vida común y privada que a una vida de más rica sustancia. Todo hombre comporta [*porte*] la forma entera de la condición humana» (III, II, p. 1487). Se trata de una afirmación («Todo hombre comporta la forma entera de la condición humana») que ha generado un vastísimo debate en el ámbito de los estudios montaignistas, suscitando distintas y a veces contrarias interpretaciones. Y sin querer hacer de esta fórmula, como ha ocurrido con la terenciana en la que antes me he detenido a propósito de Séneca, un abstracto modelo universal de la «condición humana» en el que sea posible reconocer la esencia del hombre en cada hombre, es evidente, sin embargo, el esfuerzo por identificar algunas «contingencias humanas» comunes que pueden afectar indistintamente a un emperador o a «un hombre del pueblo»: «La vida de César no es para nosotros un ejemplo mayor que la nuestra: ya sea la de un emperador o la de un hombre del pueblo, es siempre una vida sometida a todas las contingencias humanas» (III, XIII, p. 1999). Capaz de reflejar en su interior las infinitas y diversas modulaciones de la vida, la «condición humana» evocaría, por decirlo con André Tournon, «un conjunto de virtualidades, promesas o amenazas del mundo, recursos y deficiencias del alma y del cuerpo que asumir íntegramente» (p. 138). No se trata de una ética basada en un paradigma ideal normativo, sino de una moral construida, paso a paso, por los individuos singulares a partir de elecciones accidentales.

Esta precisa indagación reflexiva sobre sí mismo empuja a Montaigne a extender continuamente el campo de sus intereses a la humanidad entera, hasta el punto de considerar a «todos los hombres» como sus «compatriotas»:

No porque lo dijera Sócrates, sino porque en verdad es mi inclinación, y acaso no sin algún exceso, considero a todos los hombres compatriotas míos, y abrazo a un polaco como a un francés, posponiendo el lazo nacional al universal y común. No me apasiona mucho la dulzura del aire nativo. Los conocidos completamente nuevos y míos me parecen tan valiosos como los conocidos comunes y fortuitos de la vecindad. Las amistades que son nuestra plena adquisición suelen prevalecer sobre aquellas a las que nos ligan el hecho de compartir la región o la sangre. La naturaleza nos ha dejado libres y sin lazos en el mundo; nosotros nos aprisionamos en ciertos rincones [III, IX, p. 1450].

El filósofo francés piensa que la sociedad, en todo caso, responde a leyes naturales («A nada parece habernos encaminado más la naturaleza que a la sociedad», I, XXVII, p. 243) que, más allá de la intervención de los seres humanos, garantizan de una u otra manera alguna forma de cohesión («En suma, veo por nuestro ejemplo que la sociedad de los hombres se mantiene y se une a cualquier precio», III, IX, p. 1425). Vivir juntos, en efecto, es una necesidad («La necesidad compone y une a los hombres», *ibid.*). Por eso, al fin y al cabo, pese a la inevitable heterogeneidad, los individuos encuentran siempre la manera de organizar una convivencia espontánea:

Sea cual fuere la situación en que se les ponga, se agrupan y ordenan moviéndose y apiñándose, del mismo modo que los cuerpos sueltos que se introducen desordenados en una bolsa encuentran por sí mismos la forma de asociarse y de acomodarse entre sí, a menudo mejor de lo que los habría sabido disponer el arte [*ibid.*].

La reflexión sobre sí mismo no es un obstáculo para la comprensión del *otro*. Al contrario, es un ejercicio necesario de humildad que permite entender mejor los límites del propio punto de vista. Numerosas notas dedicadas al controvertido tema del descubrimiento del Nuevo Mundo lo confirman. Montaigne—junto con Bartolomé de las Casas, Giordano Bruno y otras pocas voces del Renacimiento europeo (*cf. infra*, p. 209)—condena a los *conquistadores* y el exterminio de poblaciones inermes perpetrado en nombre del oro y del comercio:

¡Tantas ciudades arrasadas, tantas naciones exterminadas, tantos millones de pueblos [*sic*] pasados a cuchillo, y la más rica y hermosa región del mundo destruida por el comercio de perlas y pimienta! ¡Abyectas victorias! Jamás la ambición, jamás las enemistades públicas empujaron a los hombres a hostilidades mutuas tan atroces y a calamidades tan miserables [III, VI, p. 1361].

Con la excusa de exportar la «civilización» (ignorando que aquellas poblaciones tenían una lengua, una religión, una vida en común dignas de respeto: «Los bárbaros en absoluto son más extraordinarios para nosotros que nosotros para ellos, ni con mayor motivo», I, XXII, p. 133; «cada cual llama "barbarie" a aquello a lo que no está acostumbrado», I, XXX, p. 279), habían en cambio corrompido a poblaciones que todavía no conocían los terribles vicios de los colonizadores y su avidez de ganancias. Las sensatas observaciones de los así llamados «salvajes» se convierten en un espejo en el que se reflejan las aberraciones de la sociedad europea. Cuando relata el encuentro en Ruan entre algunos indígenas y el rey de Francia Carlos IX, Montaigne subraya, a través de la respuesta de un indio, la injusticia provocada por las terribles desigualdades:

En segundo lugar, que habían observado que, entre nosotros, había hombres llenos y ahítos de toda suerte de bienes, mientras que sus mitades—tienen una manera de hablar por la que llaman a los hombres mitades unos de otros—mendigaban a sus puertas, demacrados por el hambre y la pobreza; y les parecía extraño que esas mitades necesitadas pudieran soportar una injusticia así sin coger a los otros por el cuello o prender fuego a sus casas [I, XXX, p. 293].

Tampoco en las páginas dedicadas a la relación entre «privado» y «público» faltan reflexiones especialmente abiertas a los *otros*. Pienso, en particular, en las consideraciones inducidas a partir de la figura paterna. En el capítulo IX del libro III, por ejemplo, Montaigne, aunque declare explícitamente que sigue las enseñanzas del padre (basadas en el «amor apasionado» por «su hogar» y por su microcosmos: «En parte por pereza, tengo suficiente con gozar del mundo sin ocuparme de él, con vivir una vida meramente excusable, y que simplemente no me pese, ni a mí ni a los demás»), no duda en reconocer que en cualquier caso «la actividad más honorable es servir al público y ser útil a muchos» (III, IX, pp. 1419-1420).

En el capítulo siguiente, sin embargo, la imagen ofrecida por el progenitor sufre un vuelco: ahora se habla en cambio de un hombre comprometido en la vida civil (había sido alcalde de Burdeos desde 1554 hasta 1556), «con el alma cruelmente turbada por los enredos públicos» y forzado a olvidar el «dulce aire de su casa», llegando incluso al punto de «[desdeñar] su propia vida»: «Él era así; y este carácter procedía de una gran bondad natural. Jamás hubo alma más caritativa y amante del pueblo» (III, X, p. 1500). Así, Pierre Eyquem se convierte también en testimonio de una vida dedicada ante todo a los *otros* («Había oído decir que era preciso olvidarse de uno mismo por el prójimo» y «que lo particular no merecía consideración alguna», *ibid.*). Montaigne, aun insistiendo una vez más en que esta manera de proceder es ajena a su manera de ser, acaba sin embargo reconociendo que vivir por los demás es algo digno de elogio («Yo no quiero seguir este camino, que alabo en otros», *ibid.*). Y más adelante—aunque continúe defendiendo la idea de que es necesario ante todo aquello que «cada cual se debe a sí mismo»—admite que para «aplicar a sí mismo el uso de los demás hombres y del mundo» es imprescindible «aportar a la sociedad pública los deberes y los servicios que atañen a cada uno», porque «quien no vive en cierta medida para los demás, apenas vive para sí mismo» (*ibid.*, pp. 1501-1502).

Se trata de oscilaciones y dudas que son constitutivas de la escritura en movimiento de *Los ensayos*. El mundo, el ser y la forma de relatar no pueden escapar a las leyes de la mutación que todo lo dominan («Si mi alma pudiera asentarse, yo no haría ensayos, me mantendría firme; está siempre aprendiendo y poniéndose a prueba»):

El mundo no es más que un perpetuo vaivén. Todo se mueve sin descanso—la tierra, las peñas del Cáucaso, las pirámides de Egipto—por el movimiento general y por el propio. La constancia misma no es otra cosa que un movimiento más lánguido. No puedo fijar mi objeto. Anda confuso y vacilante debido a una embriaguez natural. Lo atrapo en este momento, tal y como es en el instante en el que me ocupo de él. No pinto el ser, pinto el tránsito: no el tránsito de una edad a otra, o, como dice el pueblo, de siete en siete años, sino día a día, minuto a minuto. Hay que acomodar mi historia al momento. Acaso cambiaré dentro de poco no sólo de fortuna sino también de intención. Esto es un registro de acontecimientos diversos y mudables, y de imaginaciones indecisas y, en algún caso, contrarias [III, II, pp. 1201-1202].

Frente a un pensamiento inestable que se nutre de la «contradicción» sería un error forzar la mano para inclinar la balanza (la balanza, acompañada del lema «*Que sçay-je*», que él mismo había hecho grabar en 1576 en una medalla, como su empresa) hacia un lado. En *Los ensayos* (en los que Montaigne «pone a prueba el propio juicio, ensaya sus capacidades de análisis y de autoanálisis», como subraya finamente Fausta Garavini) la indiscutible centralidad de la escritura de sí mismo no impide reflexionar también sobre los *otros*, sobre la «condición humana», sobre nuestros deberes sociales, sobre la importancia del diálogo para entendernos a nosotros mismos y a los interlocutores con los que conversamos, sobre la necesidad de abrazar un relativismo capaz de neutralizar lugares comunes y puntos de vista absolutos, sobre la alegría que deriva del sentirse ciudadano de una patria más extensa («Cualquier cielo me va bien», III, IX, p. 1452) en la cual «todos los hombres» puedan ser percibidos como «compatriotas».

7. WILLIAM SHAKESPEARE: LA SABIA LOCURA DEL SILENO REY LEAR, LOS «MÍSEROS DESNUDOS», LAS DESIGUALDADES Y «LOS CIELOS MÁS JUSTOS»

Entre las infinitas formas que la literatura nos ofrece para reflexionar sobre los *otros* (en particular sobre aquellos que carecen de voz, destinados a una vida de sufrimientos y privaciones), me gustaría ahora detenerme en una obra singular que se recoge en este volumen: la tragedia de William Shakespeare *El rey Lear* (*cf. infra*, p. 259). En ella el protagonista descubre una realidad diferente de la que antes conocía, debido a ciertos dramáticos acontecimientos (la pérdida de su poder de rey y de padre y de todo su patrimonio) que lo fuerzan a realizar un «viaje introspectivo» en el que cambia la percepción de sí mismo y de los demás.

Se trata de una historia, la del rey Lear, considerada como una de las más trágicas, si no la más trágica, entre las que se narran en las obras teatrales de William Shakespeare. El giro dramático arrastra a hombres y cosas. Mediante una hermenéutica basada en la dialéctica ser-aparecer, el Bardo teje una trama en la cual cada palabra y cada gesto se transforma en su contrario: las enfáticas declaraciones de amor a Lear de sus dos hijas (Goneril y Regan) serán desmentidas por su cruel «parricidio»; el silencio de Cordelia y el rechazo a expresar con palabras su afecto por el padre-rey se revelarán después signo de auténtica devoción; los alardes de fidelidad y lealtad de Edmond mutarán en una serie de despiadadas traiciones. El símbolo del Sileno—elegido por Alcibíades, en el *Banquete* de Platón, para definir a Sócrates, y relanzado con éxito, en el Renacimiento, por Erasmo y otros muchos autores, entre ellos Rabelais y Bruno—parece adaptarse perfectamente a la inversión dramática llevada a escena por Shakespeare: la imagen externa encierra su contrario exacto en el interior. Si se permanece en la superficie de lo que se manifiesta a los ojos no se «ve» la verdadera realidad: en *El rey Lear*—como en todos los textos «silénicos»: pensemos en el *Gargantúa y Pantagruel* de Rabelais o en los diálogos italianos de Bruno—, para «ver» no sirven los ojos del cuerpo, sino los de la mente.

Nada más abrir el Sileno, rasgando el velo de la corteza exterior (*extra*), es posible reconocer lo que se esconde en el *intus*. Así, la pregunta de Lear a las hijas («Decidme, hijas mías […] | cuál de vosotras | diré que me ama más», I, I, p. 49) se convierte en el resorte inconsciente que pone en marcha el mecanismo del engaño. La respuesta de Goneril:

> Señor, os amo más de lo que expresan las palabras,
> más que a vista, espacio y libertad,
> mucho más de lo que estimen único o valioso;
> no menos que una vida de dicha, salud,
> belleza y honra; tanto como nunca
> amara hijo o fuese amado padre;
> con un amor que apaga la voz y ahoga el habla.
> Mucho más que todo esto os amo yo [*ibid.*],

y la de Regan:

> Yo soy del mismo metal que mi hermana
> y no me tengo en menos: en el fondo de mi alma

veo que ha expresado la medida de mi amor.
Pero se ha quedado corta, pues yo me declaro
enemiga de cualquier otro deleite
que alcancen los sentidos en su extrema
perfección y tan sólo me siento venturosa
en el amor de vuestra amada majestad [*ibid.*, p. 50],

inducirán al rey a percibir como verdadera una devoción construida exclusivamente sobre palabras vacías: una vez conquistados los bienes, en efecto, los comportamientos de las dos herederas desmentirán de manera clamorosa sus declaraciones iniciales.

Justo lo contrario de lo que en cambio acontecerá a Cordelia, la hija más estimada («La quise de verdad y pensaba confiarme | a sus tiernos cuidados», *ibid.*, p. 52): su reservado «silencio» («Pues sin duda mi cariño | pesará más que mi lengua», *ibid.*, p. 50), percibido de inmediato por Lear como un «rechazo», al extremo de tomar la decisión de desheredarla, se revelará en cambio en las escenas finales auténtico testimonio de amor filial.

La verdad—el «tesoro» oculto dentro de la cómica imagen exterior del Sócrates-Sileno—se manifiesta precisamente en esos personajes tragicómicos que en apariencia están más distantes de ella: el loco Lear, el gracioso bufón de Lear, el ciego Gloster, el mendigo loco Edgar, el fiel y miserable Kent expresan cada uno de ellos, a través de un lenguaje en sintonía con su específica condición propia, puntos de vista capaces de rasgar el velo de la ficción para mostrar la verdadera esencia de la realidad.

En efecto, mientras desempeña el papel de rey Lear no «ve». Sólo cuando lo arrastra la locura, su «ceguera» se disuelve, permitiéndole «mirar» la ingratitud de las dos hijas a las que había otorgado todos sus bienes. Y precisamente durante una terrible tormenta (en perfecta sintonía con la tormenta interior que lo agita:

> Tú lo ves así;
> mas donde el mal es mayor, el menor
> no se siente [...] La tormenta de mi mente no me deja
> sentir nada, salvo lo que brama dentro,
> la ingratitud filial [III, 4, p. 118],

el anciano padre privado de toda defensa logra percibir, a través de sus sufrimientos, los padecimientos de los pobres, de los hambrientos, de los que carecen de techo:

> Pobres míseros desnudos, dondequiera que estéis,
> expuestos al azote de esta cruel tormenta,
> ¿cómo os protegerá de un tiempo como éste
> vuestra cabeza descubierta, vuestro cuerpo
> sin carnes, los harapos llenos de agujeros?
> ¡Ah, qué poco me han preocupado! Cúrate, lujo;
> despójate y siente lo que siente el desvalido,
> para que pueda caerle lo superfluo
> y se vea que los cielos son más justos [*ibid.*, p. 119].

Tras haberlo perdido todo, Lear se siente conmovido por los sufrimientos (materiales y espirituales) de una humanidad invisible a los ojos de los poderosos. Mientras fue rey, en efecto, nunca había «visto» las condiciones de vida de los «pobres míseros desnudos» («¡Ah, qué poco me han preocupado!»). Un giro de la rueda de la Fortuna (aquella, evocada por el fiel Kent, capaz de arrastrar sin descanso de arriba abajo y de abajo arriba: «Fortuna, buenas noches, vuelve a sonreír | y que gire tu rueda», II, 2, p. 97), es suficiente para encontrarse en la miseria y la desesperación. Para experimentar ese dolor que, despojándote y haciéndote sentir «lo que siente el desvalido», puede curar, como un fármaco, la grave «ceguera» de la indiferencia: vivir ignorando a los indigentes significa cometer una terrible injusticia. Es necesario desprenderse de «lo superfluo», si se quiere «que se vea que los dioses son más justos». Descender a los abismos del sufrimiento significa percibir la realidad desde otro punto de vista. En medio de los furores de la tormenta, Lear aprende a apreciar precisamente las cosas más viles:

> ¿Tienes frío?
> Yo también. —¿Dónde está esa choza, amigo?
> El arte de la necesidad es admirable:
> vuelve valioso lo mísero [III, 2, p. 115].

De hecho, el efecto terapéutico del frío y del dolor afecta también a los otros dos Silenos positivos de la tragedia. El Loco («Esta noche helada nos va a volver a todos locos e idiotas», III, 4, p. 121) y el mendigo Edgar («[soy] un humilde rendido a los golpes de la suerte, | que, viviendo y pasando sufrimientos, | se inclinó a la compasión», IV, 4, pp. 154-155) insisten, desde ángulos diferentes, en las «metamorfosis» producidas por el *pharmakon* (las «intemperies» humanas y naturales). Se trata de dos personajes que Lear tiene en gran consideración: el primero—invocado continuamente por el rey («¿Y mi bufón, eh?», I, 4, p. 70), que confirma el papel central que los bufones desempeñan en el teatro de Shakespeare—le procura la verdad que se oculta tras la corteza cómica y, en el momento álgido de la locura, es el único que no le abandona, esforzándose «en aliviarle | las penas con sus bromas» (III, 1, p. 111); mientras que el segundo, considerado ejemplo del «ser puro» (III, 4, p. 122), es llamado en muchas ocasiones «filósofo»

(«Antes dejadme que hable con este filósofo», *ibid.*, p. 124; «Noble filósofo», *ibid.*; «Con él: quiero quedarme con mi filósofo», *ibid.*, p. 125).

La arrogancia de Lear, su irascibilidad, su insensibilidad no le permitían al principio entender a los seres humanos ni las cosas que lo rodeaban. Él, que habría querido «medir» y «pesar» el afecto de sus hijas, se había nutrido en cambio de palabras vacías, hasta el punto de no haber sabido distinguir los Silenos-negativos (Goneril y Regan) de los positivos (Cordelia y Kent, injustamente condenados al exilio). Pero una vez despojado del poder y de sus bienes (cuando se transforma, como sugiere agudamente el Loco, en «un cero pelado», 1, 4, p. 75), el rey entiende que «togas y pieles lo tapan todo» (IV, 5, p. 152). El cambio de la «corona de oro» («Poco juicio había en tu calva corona cuando regalaste la de oro», 1, 4, p. 74) por la corona de «cardamina, cizaña y toda mala hierba | que crece con el trigo que nos nutre» (IV, 3, p. 142) hace de Lear un Sileno tragicómico. Con estos ropajes humildes, el frágil anciano se avergüenza del injusto castigo infligido a Cordelia («La ardiente vergüenza le aparta de Cordelia», apéndice, p. 193), se da cuenta de la importancia de la tormenta para quebrar la costra de la hipocresía filial («Cuando vino la lluvia y me mojó, y el viento me hizo tiritar; cuando el trueno no callaba a pesar de mis órdenes, ahí los pillé, ahí los calé», IV, 5, pp. 149-150) y reconoce el valor de su «vasallo» Kent («¡Ah, buen muchacho, vaya que sí!», V, 3, p. 178).

Las experiencias paralelas del duque de Gloster se rigen por el mismo mecanismo narrativo. También este noble caballero es inducido a error por un hijo: el bastardo Edmond, en efecto, incapaz de soportar su condición psicológicamente subalterna ante el hermano legítimo Edgar («¿Por qué "bastardo" o "indigno", | cuando mi cuerpo está tan bien formado, | mi ánimo es tan noble y mi aspecto tan gentil | como en los hijos de una dama honrada?», 1, 2, p. 60), desacredita a este último haciendo creer al padre, mediante una carta falsificada, que tenía un plan para asesinarlo y adueñarse de su herencia. El duque, engañado por la aparente sinceridad de Edmond, le pide que lo arreste («Con el padre que le quiere tanto y tan de veras. ¡Cielos y tierra! Edmond, búscale», apéndice, p. 183; 1, 2, p. 63) y a continuación Edgar se ve forzado a huir disfrazándose de mendigo loco. Sólo después de haber perdido los ojos, que le serán vaciados por el duque de Cornwall, y de ponerse en camino en el papel de pobre ciego, Gloster conseguirá curarse de la «ceguera» que no le había permitido distinguir la realidad de la apariencia:

> Estoy sin camino y no necesito ojos.
> Cuando veía, tropecé. Nuestros bienes
> nos vuelven confiados, nuestras carencias
> acaban siendo ventajas. ¡Ah, querido Edgar,
> pasto de la ira de un padre engañado!
> Si vivo para verte por el tacto
> diré que vuelvo a tener ojos [IV, I, p. 64].

También Gloster, en el abismo de la miseria, entiende que «Nuestros bienes nos vuelven confiados», mientras que «nuestras carencias acaban siendo ventajas». Así, la privación de los ojos no sólo nos ayuda a «ver» mejor aquellas cosas que han acontecido y acontecen en el limitado perímetro de nuestra existencia, sino que nos permite sobre todo entender la terrible injusticia de la desigualdad, el escándalo de la distancia entre quien tiene demasiado y quien no tiene nada:

Aquí tienes mi bolsa; tú, humillado
por los golpes y males de los cielos.
Junto a mi desgracia, tu quedas mejor.
—¡Dioses, obrad siempre así! ¡Que el hombre
atiborrado y opulento, que avasalla
vuestras leyes, que no ve porque no siente,
no tarde en sentir vuestro poder!
que la distribución anule lo superfluo
y todos tengan suficiente [IV,1, p. 137].

Gloster implora una «distribución» igualitaria para permitir que «todos tengan suficiente». Del mismo modo, Lear se convence de que sintiendo «lo que siente el desvalido», puede permitir despojarse «de lo superfluo» y dárselo a él (III, 4, p. 119). Dos padres engañados y víctimas, al mismo tiempo, de la «ceguera». El rey, respondiendo a Gloster que le dice que tiene vacías las órbitas de los ojos, reconoce en sí mismo idéntica enfermedad («¡Ajá! ¿Es eso? ¿Sin ojos en la cara, ni dinero en la bolsa?», IV, 5, p. 151), afirmando a continuación que «se puede ver cómo va el mundo sin tener ojos», porque puede mirarse escuchando: la frase de Lear («Mira con los oídos») y la del duque («Lo veo sintiéndolo», *ibid.*) parecen recordar las observaciones de Montaigne, en las que antes nos hemos detenido, sobre la importancia del oído, en una perspectiva «dialógica», para entenderse a uno mismo y entender a los demás («Y ésa es la razón por la cual si ahora mismo me obligaran a elegir, creo que aceptaría más bien perder la vista que perder el oído o el habla», *cf. supra*, p. 46).

Estar «sordo», como a menudo lo están los poderosos, significa no ver con los ojos de la mente. Era necesario vestirse con las ropas del Sileno, ceñirse una corona de hierbas en la cabeza, para verificar a costa propia que la mayor riqueza, como había sugerido agudamente el rey de Francia a propósito de Cordelia, está en no poseer nada:

> Hermosa Cordelia, tan rica por ser pobre,
> excelsa por rechazada, querida por desairada,
> te acojo con todas tus virtudes.
> Si es lícito, me llevo lo que otros desechan.
> ¡Oh, dioses, qué extraño que tal desamor
> encienda en mi afecto tanta admiración!
> Tu hija sin dote, a mí abandonada,
> es, rey, nuestra reina de la bella Francia.
> La tibia Borgoña no ha dado hombre egregio
> que pueda comprarme esta joya sin precio.
> Por mal que te traten, di adiós, mi Cordelia.
> Ganarás con creces todo lo que pierdas [1, 1, p. 58].

El ansia de bienes y de poder es autodestructivo, como demuestran el odio y la envidia que las dos hermanas, aliadas fingidas, alimentan una por otra («Vuestras hijas mayores se han aniquilado», dirá Kent, en v, 3, p. 178). El duque de Albany, de hecho, juzga como antinatural el desprecio de su mujer por el rey-padre («La naturaleza que desprecia su origen no es capaz de sujetarse», apéndice, p. 190). Cortar violentamente la relación con el progenitor significa condenarse a una muerte segura, exactamente como «la [rama] que se arranca y desgaja de la savia que la nutre, por fuerza se marchita y sólo sirve para el fuego» (*ibid.*).

Pero no sólo corre peligro el vínculo entre padres e hijos («¿Qué habéis hecho, fieras, que no hijas? ¿Qué pretendíais?», *ibid.*). La avidez de dinero y de poder es una enfermedad perniciosa que puede extenderse hasta arrastrar a la humanidad entera. Por eso, la invocación del duque de Albany («Si los cielos no envían pronto a sus espíritus en forma visible para vengar este ultraje, sucederá que los hom-

61

bres se devorarán como monstruos de los mares», *ibid.*) implica a toda la sociedad. No sólo quien corta la rama familiar acaba marchitándose; también quien quiebra los lazos que lo unen al gran árbol de la humanidad, en el cual una savia única nutre la vida de todos los individuos. En definitiva, la trágica aventura de Lear prueba que nunca es demasiado tarde para librarse de la ignorancia y la indiferencia. Y que, aun viejos, muy cerca de la muerte, tenemos todavía la capacidad de corregir el error y lanzar un llamamiento apremiante a construir una humanidad más humana, un mundo más igualitario en el que la lucha contra las desigualdades pueda ayudarnos a vivir juntos, solidariamente, bajo «un cielo más justo».

8. XAVIER DE MAISTRE: «UN MONTÓN DE DESDICHADOS» EN EL «VIAJE ALREDEDOR DE MI HABITACIÓN»

Si la trágica privación del poder real y del patrimonio hacen de Lear un «filósofo moral» *malgré lui*, la pérdida momentánea de la libertad incita a Xavier de Maistre a convertirse en «escritor» y a «ver» la realidad con otros ojos. Hermano del pensador y diplomático antirrevolucionario Joseph, el oficial saboyano nos propone vivir la experiencia (como sugiere ya el título de su pequeño libro: *Viaje alrededor de mi habitación*) de un viaje singular:

He emprendido y ejecutado un viaje de cuarenta y dos días alrededor de mi habitación. Las interesantes observaciones que he hecho y el placer continuo que he experimentado a lo largo del camino me impulsaban a hacerlo público; la certeza de ser útil me ha decidido a ello [1, p. 11].

Así, una peregrinación circunscrita al limitado perímetro de unos pocos metros cuadrados se convierte en un «recurso asegurado contra el aburrimiento y un alivio contra los males» (1, p. 11). Aunque, en un primer momento, el autor dirige la invitación «a los malhadados» y a los afligidos por «una mortificación del amor, una negligencia de la amistad» («¡Que todos los desgraciados, los enfermos y los hastiados del universo me sigan! ¡Que todos los perezosos se levanten en masa!», 11, p. 13), su viaje, exento de peligros e inconvenientes, parece estar pensado para un público universal: fácil para los enfermos («Ya no tendrán que temer las inclemencias del aire y de las estaciones», *ibid.*), seguro para los temerosos («Estarán al abrigo de los ladrones; no encontrarán precipicios ni barrancos», *ibid.*), ideal para sedentarios y avaros («Un placer que no [...] costará ni esfuerzo ni dinero», *ibid.*). Una experiencia, en definitiva, apta para todos, para cualquier miembro de la «inmensa familia de los hombres que hormiguean por la superficie de la Tierra»: «Avaro o pródigo, rico o pobre, joven o viejo, nacido en zona tórrida o cerca del polo, [cualquier ser humano] puede viajar como yo» (1, p. 12).

Sin pagar billete y sin recurrir a ningún medio de transporte, el viajero sólo tendrá que entregarse «alegremente a la [...] imaginación» para seguirla «por todas partes» allí «a donde le plazca conducirnos» (11, p. 14). Y ésta es la causa por la cual de hecho la delicada tarea de tomar al lector de la mano y acompañarlo en el lento recorrido por el interior de la habitación (de un sillón a la cama, de la chimenea al escritorio), para compartir con el escritor el relato de las visiones y de las reflexiones maduradas, se le confía sobre todo a la «imaginación». A esa imaginación que, medio siglo después, será celebrada por Charles Baudelaire en los versos dedicados al viaje del muchacho «curioso», concentrado en visitar el mundo, a la luz de una lámpara, fantaseando libremente con el dedo sobre un mapa: «*Pour l'enfant, amoureux de cartes et d'estampes*» ('Para el niño, enamorado de mapas y grabados').

Publicada en 1795 en Lausana, la obra—cuyo título alude paródicamente al *Diario de un viaje alrededor del mundo* de James Cook—coincide por pura casualidad con la condición de prisionero del autor, que, condenado a arresto domiciliario a causa de un duelo, se ve forzado a cumplir cuarenta y dos días de reclusión en Turín:

No querría por nada en el mundo que se sospechase que he emprendido este viaje únicamente por no saber qué hacer y forzado, de alguna manera, por las circunstancias: aseguro aquí, y juro por todo lo que amo, que deseaba emprenderlo mucho tiempo antes del suceso que me ha hecho perder la libertad durante cuarenta y dos días. Este retiro forzoso fue sólo una ocasión para ponerme en camino más pronto [XXIX, p. 70].

Más que en una condena, el castigo se transforma en una inesperada ocasión para mirar el mundo con otros ojos y para percibir aspectos que hasta entonces habían pasado desapercibidos. Se trata de una acumulación extraordinaria de descubrimientos y experiencias que permiten reconsiderar los objetos y los recuerdos a la luz de una meditación lenta y serena. El flemático paseo entre las estanterías de la biblioteca, por ejemplo, favorece un fructífero diálogo con «mil personajes imaginarios» (XXXVI, p. 85): la aflicción por las dolorosas vicisitudes narradas por Samuel Richardson y Johann Wolfgang von Goethe («Cuántas lágrimas habré derramado por esa desdichada Clarisse y por el amante de Charlotte», *ibid.*), el fantasear sin límites temporales ni espaciales («Desde la expedición de los Argonautas hasta la asamblea de los Notables, desde lo más profundo de los infiernos hasta la última estrella situada más allá de la Vía Láctea, hasta los confines del universo, hasta las puertas del caos, he aquí el vasto campo por donde paseo a lo largo y a lo ancho», xxxvii, p. 87), la indignación por la desaparición de los héroes («Ya no se ven Teseos y menos aún Hércules; los hombres e incluso los héroes de hoy son pigmeos», *ibid.*, p. 88), la admiración por el «Satanás» del *Paraíso perdido* de John Milton («No puedo evitar tomarme cierto interés por ese pobre Satán [...] Y es, a mi parecer, uno de los más bellos esfuerzos de la imaginación, así como uno de los viajes más bellos que nunca hayan sido hechos, después del viaje alrededor de mi habitación», *ibid.*, pp. 89 y 91), el interés por los «viajes» más aventureros («No terminaría nunca, si quisiese describir la milésima parte de los acontecimientos singulares que me suceden cuando viajo cerca de mi biblioteca; los viajes de Cook y las observaciones de sus compañeros de viaje, los doctores Banks y Solander, no son nada en comparación con mis aventuras en ese distrito único», xxxviii, p. 91) permiten al autor y al lector redescubrir en las historias narradas la fascinación del entrelazamiento entre virtud y desinterés («[encuentro] la virtud, la bondad, el desinterés que no he encontrado todavía reunidos en el mundo real en que existo», xxxvi, p. 85) y, sobre todo, el placer que deriva de proceder con una lentitud extrema («Pues carezco por igual de tiempo y de espacio», xxxvii, p. 87). La «simbiosis» con los libros («Es ahí donde transporto mi existencia en pos de Homero, Milton, Virgilio, Ossian, etcétera», *ibid.*) permite apropiarse del pasado para hacer de él nuestro contemporáneo:

Todos los acontecimientos que han tenido lugar entre esas dos épocas [entre el mundo clásico y el contemporáneo], todos los países, todos los mundos, y todos los seres que han existido entre esos dos períodos, todo eso es mío, todo me pertenece tan bien, tan legítimamente [*ibid.*, p. 88].

En un contexto dominado por la calma y la meditación, no puede sorprender que el autor, con resultados modestos si los comparamos con las conversaciones imaginadas en el siglo XVI por Giovan Battista Gelli en *Los caprichos del botero*, ponga también en escena los diálogos interiores entre su alma (la dimensión espiritual que vuela alto y que alimenta la creatividad artística) y la «bestia» (la dimensión corporal ligada a las pasiones materiales). Similar al Centauro (pero privado de las profundas implicaciones antropológicas y políticas del Quirón de Nicolás Maquiavelo):

… el hombre se compone de un alma y de una bestia. Estos dos seres son absolutamente distintos, pero [están] tan encajados el uno en el otro, o el uno sobre el otro, que es necesario que el alma tenga cierta superioridad sobre la bestia, para poder establecer la distinción [VI, p. 22].

Una «dualidad» que se manifiesta incluso en el ejercicio de la lectura:

Cuando estáis leyendo un libro y una idea más agradable entra súbitamente en vuestra imaginación, el alma se deja cautivar en seguida y olvida el libro mientras sus ojos siguen mecánicamente las palabras y las líneas, acabáis la página sin comprenderla y sin recordar lo que habéis leído. Esto se produce porque el alma, habiendo ordenado a su compañera que le leyese, no le advirtió del pequeño despiste que iba a tener; de manera que la *otra* continuaba la lectura que ya no escuchabais [*ibid.*, p. 23].

Cualquier *promenade* por la habitación provoca debates y reflexiones. El autor, incitado por los «encuentros» casuales con una imagen, con un cuadro o un objeto cualquiera, se abandona a consideraciones en torno a la disputa sobre la «supremacía entre el arte encantador de la pintura y el de la música» (xxiv-xxvi), o en torno a la función «verídica» del espejo («Siempre imparcial y veraz, un espejo reenvía a los ojos del espectador las rosas de la juventud y las arrugas de la edad, sin calumniar y sin adular a nadie», xxvii, p. 65), o bien a los recuerdos ligados a madame de Hautcastel y a Rosalie, o a los efectos trágicos y contradictorios de la Revolución francesa (en particular el capítulo xlii).

Pero las páginas más sugerentes corresponden sobre todo a las reflexiones dedicadas a ilustrar la importancia de las relaciones afectivas. Y entre los lazos fundamentales, De Maistre cuenta también aquel que le une a su perrita *Rosine*, a la cual dedica un capítulo entero («He resuelto hablar de mi querida *Rosine*, amable animal al que amo con verdadero afecto, y dedicarle un capítulo entero», xvii, p. 45). Se trata de un amor recíproco («¿Y por qué habría de negar mi afecto a ese ser cariñoso que no ha dejado jamás de amarme desde el momento en que comenzamos a vivir juntos?», *ibid.*) basado en la «gratuidad» y la fidelidad:

Mi querida *Rosine*, que no me ha ofrecido favores, me otorga el mayor favor que puede otorgarse a la humanidad: me amaba entonces, y me ama aún hoy. Así, no temo decirlo, yo la amo con una parte del sentimiento que otorgo a mis amigos [*ibid.*, p. 46].

El sirviente del autor, Joannetti, ocupa un lugar especial en el *Viaje*. De Maistre habla de él, en varias ocasiones, en diferentes capítulos: elogia su generosidad (llega al punto de consumir sus ahorros para los gastos cotidianos de la casa sin protestar por la falta de pago del sueldo y de los gastos, xix, pp. 48-49), la humildad («A pesar de la superioridad que adquiría sobre mí, no sintió el menor arrebato de orgullo, y no buscó aprovecharse de su ventaja», xviii, pp. 46-47), el buen sentido en la dispensación de sus «mudos reproches» (xiv, p. 38) y sobre todo su profunda humanidad con los pobres («Durante este tiempo, Joannetti, que había juntado los restos de mi cena que estaban destinadas para la suya, se los dio sin dudar a Jacques. ¡Pobre Joannetti! De este modo en mi viaje voy tomando lecciones de filosofía y de humanidad de mi sirviente», xxviii, p. 69).

Son asimismo notables las reflexiones dedicadas a las ilusiones de la juventud y a la fuerza de la amistad («¡Qué calor en nuestra relación!, ¡qué unión íntima! ¡Qué confianza sin límites!», xxxiv, p. 80). Y aunque no falten pinceladas de pesimismo («¡Ah! ya no es eso; hemos necesitado leer, como los otros en el corazón humano; y, la verdad, cayendo en medio de nosotros como una bomba, ha destruido para siempre el palacio encantado de la ilusión», *ibid.*, p. 81), De Maistre no esconde su ternura cuando recuerda circunstancias y personas vinculadas a tiempos ya lejanos. En el viaje en torno al escritorio la exploración de dos pequeños cajones permite el descubrimiento de epistolarios acumulados a lo largo de los años. Aquí la atención se detiene sobre todo en la carta como herencia viva de aquellos que ya no están:

¡Qué placer volver a ver en esas cartas las interesantes situaciones de nuestros años jóvenes, ser transportado de nuevo a esos tiempos felices que no veremos más! ¡Ah! ¡Cuán henchido está mi corazón! ¡Cómo goza tristemente cuando mis ojos recorren las líneas trazadas por un ser que ya no existe! ¡He aquí sus caracteres, es su corazón el que guiaba su mano, es a mí a quien escribió esa carta, que es todo lo que me queda de él! [*ibid.*, p. 79].

Sin embargo, las consideraciones más emotivas se refieren a los miserables y a los infelices, víctimas de la terrible indiferencia del resto de seres humanos. Concentrado en meditar sobre los angostos espacios de su casa y sobre la carencia de toda pompa en los adornos, De Maistre se abandona a «reflexiones filosóficas» que le empujan a «visitar» los lugares donde viven los «invisibles»:

¿Y por qué me empeñaría en considerar a los que están en una situación más agradable, mientras que el mundo está plagado de gente más desgraciada de lo que lo soy en la mía? En lugar de transportarme con la imaginación a esa soberbia *cabaña* [el Círculo de los Nobles], donde tantas bellezas son eclipsadas por la joven Eugènie, para sentirme feliz no tengo más que pararme un instante por las calles que conducen allí [XXIX, p. 71].

Una vez más, corresponde a la imaginación la tarea de «abrir los ojos» al autor, conduciéndolo lentamente a lo largo de esas calles recorridas durante años sin «ver» nada. Aquí, «bajo los pórticos de esas casas suntuosas», se esconde una humanidad sufriente, privada de toda dignidad:

Un montón de desdichados, tumbados medio desnudos bajo los pórticos de esas casas suntuosas, parecen prontos a expirar de frío y de miseria. ¡Qué espectáculo! Quisiera que todo el universo [...] supiese que, en esta ciudad, donde todo respira opulencia, una multitud de desgraciados duermen a la intemperie, la cabeza apoyada en un mojón o en el umbral de un palacio. Aquí, hay un grupo de niños apretados unos contra otros para no morir de frío. Ahí hay una mujer temblorosa y sin voz para quejarse [*ibid.*, pp. 71-72].

Sin preocuparse por la desesperación de estos últimos, los «paseantes van y vienen, sin emocionarse ante un espectáculo al que están acostumbrados», mientras que el «ruido de las carrozas, la voz de la intemperancia, los sonidos encantadores de la música, se mezclan a veces con los gritos de esos desgraciados, y forman una horrible disonancia» (*ibid.*, p. 72). Así, arrastrada por las urgencias de la cotidianidad e inmersa en el egoísmo más profundo, la gente cultiva la indiferencia al punto de negar todo lo que queda fuera del limitado perímetro de sus intereses («He hablado de los pobres que en ella se encuentran, de sus gritos lastimosos, y de la indiferencia de algunas personas hacia ello», xxx, p. 73). Y aunque también haya personas solidarias que, en el anonimato y sin ruido, ayudan a los demás («No he dicho nada de la multitud de hombres caritativos que [...] van a socorrer al infortunio, sin testigo ni ostentación»), la divinidad se indigna contra la avaricia general de los hombres («Y el Eterno, irritado por la dureza y la avaricia de los hombres, retiene su rayo dispuesto a golpear», *ibid.*).

Silencio y lentitud, en definitiva, nos ayudan a viajar mejor, a ver, a entender, a hacernos más humanos. Y así, De Maistre, concentrado en expresar su gran interés por la humanidad sufriente y desprovista de voz, espera que, entre los capítulos de todo el pequeño libro, precisamente estas páginas dedicadas a los infelices puedan un día llegar a los lectores de «todo el universo» («Me gustaría que todo el universo conociera esta página de mi libro», xxix, p. 71).

9. EL «¿QUÉ HACER?» DE TOLSTÓI: «PONERSE AL SERVICIO DEL PRÓJIMO Y DE LA UTILIDAD COLECTIVA DE LA HUMANIDAD»

Escrito después del *¿Qué hacer?* de Nikolái Gavrílovich Chernishevski (una novela impresa en 1863) y antes del *¿Qué hacer?* de Lenin (un ensayo publicado en 1902), el *¿Qué hacer?* de Tolstói constituye un sobrecogedor análisis de la pobreza. En cuarenta breves capítulos, el gran escritor ruso —ya muy conocido gracias a sus dos obras maestras, *Guerra y paz* (1863-1869) y *Anna Karénina* (1873-1877)—publica en 1886, en tres entregas en la revista *Russkoe bogatstvo* ('La riqueza rusa'), una amplia reflexión sobre el hambre, el dolor, la violencia sufrida por los más débiles, la pérdida de la dignidad humana y las diferentes formas de «esclavitud»: «La esclavitud en nuestra época es producida por la violencia de los ejércitos, por la usurpación de las tierras y por la recaudación forzada de dinero» (XXII, p. 125).

Se trata de un torturado descenso al infierno cotidiano de las áreas urbanas degradadas en las que miserables y desesperados se ven forzados a vivir. Tolstói visita los «dormitorios» en los que se hacinan los «infelices» para entender sus condiciones de vida e intenta dar voz a quien carece de ella. No es una novedad para sus lectores: ya en la experiencia de formación de Pierre Bezújov, en *Guerra y paz*, el amor a los *otros* adquiere un gran valor humano y civil.

Así, durante las visitas a «aquella humanidad que pasa frío y hambre, con aire de súplica y de resignación» (I, p. 16), el escritor toma conciencia de la enorme distancia que separa a los privilegiados que viven entre comodidades de los miserables hambrientos:

De igual modo allí, en presencia del hambre, del frío y de la humillación de aquellos seres humanos, me convencí de que la existencia de tales gentes en Moscú era también un crimen. Y en tanto nosotros nos regalábamos con filetes de ternera y pescados exquisitos, y cubríamos nuestras habitaciones y nuestros caballos con ricos tapices y hermosos paramentos. Digan cuanto quieran los sabios del mundo acerca de la necesidad de tal orden de cosas, aquello era un pecado que se cometía incesantemente y en el que yo incurría con mi lujo, pecado del que no solamente era yo culpable por complacencia, sino por complicidad [1, p. 18].

Tolstói quiere entender la miseria, y busca reconstruir las historias individuales que han llevado a estos seres desventurados a perder totalmente la dignidad humana:

Existe en Moscú un número de mendigos de todo género: los hay que hacen un oficio de la mendicidad, y hay otros que son realmente indigentes; que habiendo ido a Moscú por un motivo cualquiera, no pueden dejar la ciudad por falta de recursos, y que se encuentran sumidos en la miseria más espantosa. Entre los mendigos de esta categoría se ven aldeanos y aldeanas con sus trajes de pueblo, y frecuentemente he tropezado con ellos. Algunos, al salir del hospital en donde habían estado enfermos, carecían de recursos para su subsistencia y para regresar a su región: otros habían quedado arruinados en un incendio; los había también propensos o dados a la bebida, y éste era probablemente el caso del hidrópico de que he hablado antes. También vi mujeres cargadas de niños de corta edad, y hombres vigorosos que podían trabajar [1, p. 11].

Pero, al frecuentar el infierno de la pobreza, el escritor descubre con enorme sorpresa un mundo en el que la verdadera generosidad desempeña una función primordial. Precisamente quien nada tiene logra ser solidario con sus semejantes a través de gestos y acciones nobles. Mientras vaga por las humildes viviendas para «ayudar a personas desafortunadas, perdidas, depravadas», el filántropo se da cuenta de que entre ellas viven también «muchos individuos trabajadores, tolerantes, alegres y solícitos», dispuestos a ayudar desinteresadamente a los más necesitados:

En un sótano estaba acostado un viejo, enfermo del tifus. No tenía pariente alguno. Una mujer viuda y con hijos, para él extraña, pero que era vecina suya, lo cuidaba, le asistía, le daba té y le compraba medicamentos de su propio peculio. En otra habitación había una mujer enferma de fiebre puerperal, y una prostituta le encunaba el niño, le daba el biberón y había abandonado para ello su oficio hacía ya dos días. La familia del sastre, que tenía tres hijas, había recogido a una huerfanita [VI, p. 35].

Con la asiduidad de las visitas, Tolstói se percata de que «la ayuda de la que tenían verdadera necesidad no consistía en una fácil e inmediata contribución de dinero, sino en tiempo y cuidados» (*ibid.*). Ofrecer sólo dinero, en definitiva, no era suficiente. Estas afligidas personas tenían necesidad sobre todo de atenciones, de calor humano, de alguien que les enseñara algo: «Pero tú no haces eso: tú te paseas. Te pide uno veinte kopeks y se los das. ¿Es eso una limosna? Lo que necesita es un socorro moral: instrúyele. Pero le das dinero para que te deje tranquilo. Eso es lo que tú haces» (XIV, p. 67). Una vez entendido que «el dinero como tal no sólo no es un bien, sino irrefutablemente un mal que priva a los hombres del bien primario, el trabajo y la fruición de éste», el escritor responde a la pregunta «¿Qué hacer?» con las palabras de Juan Bautista: «A la pregunta: "¿Qué debemos hacer?" formulada por la gente, Juan Bautista respondía con unas simples palabras esenciales y claras: "Quien posea dos túnicas, que dé una a quien no tenga, y quien tenga comida que haga lo mismo" (Lucas 3, 10-11)» (XXII, p. 124).

Tolstói llega al convencimiento de que sólo un cambio radical de su vida podrá hacerlo mejor y más abierto a la solidaridad humana. Sólo viviendo para los demás podemos vivir para nosotros mismos:

He entendido que el hombre, además de perseguir su propia ventaja personal, debe perseguir también el bien ajeno; que si queremos hacer un parangón con el mundo animal, como les gusta hacer a algunos para justificar la violencia equiparándola con la lucha feroz por la supervivencia, es necesario considerar el mundo de los animales sociales como las abejas, porque el hombre sin hablar del amor innato por su prójimo es llamado ya sea en virtud de su mentalidad o de su naturaleza a ponerse al servicio del prójimo y de la utilidad colectiva de la humanidad [XXII, p. 125].

«Ponerse al servicio del prójimo y de la utilidad colectiva de la humanidad»: un objetivo magnánimo basado en una «ley natural» que, por sí misma, sea capaz de garantizar el único camino a través del cual el hombre «pueda realizar su preciso objetivo y de esta forma ser feliz». En el transcurso de los siglos, los propios seres humanos han violado este encomiable principio explotando, por afán de lucro, al prójimo:

He entendido que esta ley ha sido y es violada cuando el hombre se ha sustraído del trabajo explotando por la fuerza el trabajo ajeno, como las abejas saqueadoras, y no por una finalidad común, sino por la satisfacción personal de lujos. He entendido que la infelicidad humana deriva de la esclavitud en la que algunos individuos apremian a otros, y que la esclavitud en nuestra época está producida por la violencia de los ejercidos, por la usurpación de las tierras y por la recaudación forzada de dinero. Y habiendo entendido el significado de los tres instrumentos de la nueva esclavitud, no he podido no desear ser partícipe [*ibid.*].

Ahora bien, con independencia de los análisis históricos y económicos preconizados por Tolstói en este libro, es evidente que el fin más noble para un ser humano es el de ponerse al «servicio del prójimo». Hay que luchar en un doble frente: el de la resignación y la indiferencia, formado por aquellos que piensan en las desigualdades como algo natural e ineluctable dentro de la sociedad, como un fenómeno «que siempre ha sido y siempre será así», hasta el punto de considerarlo como «la condición inevitable de la civilización» (III, p. 19); y el de la incoherencia entre la forma de vivir y el pensamiento, compuesto por las «personas llamadas cultas y altruistas» que se comportan en total disonancia con los principios morales predicados:

Si preguntamos a los representantes mismos del Estado, desde el rey hasta el policía, desde el presidente hasta la secretaria y desde el patriarca al diácono, si lo que privilegian en el cumplimiento de sus funciones es el bien del ciudadano o la ventaja personal, la respuesta no podrá ser sino esta última [XXVII, p. 157].

Así, en una época como la nuestra marcada por el crecimiento dramático de las desigualdades y de la explotación, del egoísmo y de la avidez, el lector podrá encontrar en la invitación a vivir para los otros la sorprendente y conmovedora actualidad de estas páginas tolstoianas.

10. SAINT-EXUPÉRY: APRENDER A «VER CON EL CORAZÓN» PARA CONOCER EL «VALOR DE LA FELICIDAD»

Contra venenos como el dominio de la indiferencia, la supremacía de los números y las medidas, la dictadura de la rapidez y la banalización de las relaciones humanas (cada día más sometidas a lo virtual, hasta el extremo de que la amistad se reduce a un clic en Facebook), Antoine de Saint-Exupéry demuestra una extraordinaria capacidad para hablar a pequeños y mayores. Hace de la «simplicidad», como décadas después Gabriel García Márquez ratificará brillantemente en *Cien años de soledad*, la verdadera gran fuerza de la literatura.

En esta magnífica historia el tema de la «visión» es también central. El secreto que el zorro del desierto ofrece al joven protagonista, como veremos más adelante, se basa una vez más en que los ojos del cuerpo no son suficientes para «ver»: «He aquí mi secreto. Es muy simple: no se ve bien sino con el corazón. Lo esencial es invisible a los ojos» (XXI, p. 72).

El corazón es necesario para captar lo esencial. Y el corazón tiene sus ritmos, sus reglas, su lenguaje. Es preciso ante todo liberarse del culto a números y cifras. Quien pretenda traducirlo todo a cantidades exactas difícilmente se verá atraído por elementos que escapan a cualquier forma de medición. Éste es uno de los límites más peligrosos que el autor atribuye a los «mayores» (los llama así para distinguirlos de los pequeños aún inocentes y capaces de fantasía). Ya en las primeras páginas, en efecto, discurriendo sobre el número atribuido al asteroide habitado por el principito (B612), Saint-Exupéry aprovecha para subrayar el amor desmesurado que los «mayores» profesan a las cifras:

«Si os he referido estos detalles acerca del asteroide B612 y os he confiado su número, es por los mayores. Los mayores aman las cifras» (IV, p. 19). Un amor que, inevitablemente, condiciona su punto de vista, pues sólo atrae la atención sobre aquellos elementos que se ajustan a una visión calculadora de la vida y de las relaciones humanas. Se trata de personas que, ante un discurso dedicado a tu «nuevo amigo», no «les preguntan nunca las cosas esenciales»: «Jamás os dicen: "¿Cómo es el timbre de su voz? ¿Cuáles son los juegos que prefiere? ¿Colecciona mariposas?". En cambio, os preguntan: "¿Qué edad tiene? ¿Cuántos hermanos tiene? ¿Cuánto pesa? ¿Cuánto gana su padre?". Sólo entonces creen conocerle» (*ibid.*, pp. 19-20). Y la actitud no cambia, por poner otro ejemplo, cuando se habla de una casa:

Si decís a las personas mayores: «He visto una hermosa casa de ladrillos rojos, con geranios en las ventanas y palomas en el tejado...», no acertarán a imaginarse la casa. Es necesario decirles: «He visto una casa de cien mil francos». Entonces exclaman: «¡Qué hermosa es!» [*ibid.*, p. 20].

El principito lo constata también en la extraña conversación con el hombre de negocios, habitante del cuarto planeta de los que ha visitado. Absorto en la enumeración de las estrellas, este opulento caballero cree que las posee por el simple hecho de contarlas. Y ante la ingenua pregunta del joven interlocutor («¿Y qué haces con esas estrellas?»), la respuesta del ingenioso «razonador» revela la miseria de quien cree que el «poseer» es un valor en sí mismo:

—¿Y qué haces con esas estrellas?
—¿Qué hago?
—Sí.

—Nada. Las poseo.

—¿Posees las estrellas?

—Sí [...]

—¿Y para qué te sirve poseer las estrellas?

—Me sirve para ser rico.

—¿Y para qué te sirve ser rico?

—Para comprar otras estrellas, si alguien las encuentra [XIII, p. 47].

Sentirse ricos, en definitiva, significa «acumular» (estrellas o dinero, ¡poco importa!). Significa, como atestigua el hombre de negocios, dedicar todo el tiempo de que se dispone exclusivamente a contar y recontar las estrellas («Las cuento y las recuento», *ibid.*, p. 48) para después «depositarlas en el banco» (*ibid.*). Una jornada completa consagrada a escribir «en un papelito la cantidad de mis estrellas» con el objetivo de guardar, más tarde, «el papelito, bajo llave, en un cajón» (*ibid.*). Hacer coincidir la propia vida con la «razón calculadora» del acomodado emprendedor de las estrellas significa cultivar la ilusión de la riqueza en una cotidianidad que, por el contrario, está inmersa en la más negra miseria. Una triste perspectiva que no escapa a la percepción del joven protagonista: «El principito tenía sobre las cosas serias ideas muy diferentes de las ideas de los mayores» (*ibid.*, p. 48).

Una disconformidad que también se pone de manifiesto, con ocasión de la visita al sexto planeta, en el diálogo con el geógrafo. Este último, en efecto, se interesa exclusivamente por la descripción geográfica del asteroide B612. Y una vez informado por el principito de que en su exiguo territorio sólo existen tres volcanes («Tengo tres volcanes. Dos volcanes en actividad y un volcán extinguido») y una flor («Tengo también una flor», XV, p. 55), sus crudas consideraciones provocan decepción y tristeza en el joven interlocutor:

—No registramos las flores—dijo el geógrafo.
—¿Por qué? ¡Es lo más bonito!
—Porque las flores son efímeras.
—¿Qué significa *efímero*?
—Los libros de geografía—dijo el geógrafo—son los más valiosos de todos los libros. Nunca pasan de moda. Es muy raro que una montaña cambie de lugar. Es muy raro que un océano pierda su agua. Describimos cosas eternas [...]
—Pero ¿qué significa *efímero*?—repitió el principito, que nunca había renunciado a una pregunta, una vez que la había formulado.
—Significa 'que está amenazado por una próxima desaparición'.
—¿Mi flor está amenazada por una próxima desaparición?
—Seguramente [*ibid.*, p. 56].

Mientras que el geógrafo, y no sólo por razones profesionales, es indiferente a las «cosas efímeras», y por tanto a las flores, el principito atribuye una centralidad indiscutible a su rosa («Mi flor es efímera—pensó el principito—, ¡y sólo tiene cuatro espinas para defenderse contra el mundo! ¡Y la he dejado totalmente sola en mi casa!», *ibid.*). No debemos olvidar que estamos en el capítulo XIII, casi en el centro del libro, en una posición de *mise en abyme*: éstas son las páginas en que se dibuja, *in nuce*, un «conflicto» que coincide con la esencia misma de la obra entera.

A los hombres de negocios y al estudioso de geografía los une, en efecto, un sutil vínculo basado en la noción de «indispensable»: la morbosa atención por la acumulación como riqueza y por las «cosas eternas» no permite «ver» las flores y apreciar su valor. El enfoque cambia radicalmente:

allí donde las medidas deben confrontarse con una realidad que escapa a toda medida, allí donde los cálculos deben rendir cuentas de entidades que son incalculables, allí donde las exigencias de formalización requieren dar forma a lo informe, allí donde las leyes del utilitarismo chocan con lo «gratuito» y lo «desinteresado», entran en juego visiones diametralmente opuestas de las cosas esenciales, de las relaciones humanas y de la propia concepción de la vida. De la indiferencia hacia la flor a la indiferencia hacia el hombre hay poco trecho.

No en vano dos grandes autores, Théophile Gautier y Kakuzō Okakura, han insistido en la importancia de las flores en el camino para hacer la humanidad más humana. A la constatación del literato francés, en el prefacio de su novela *Mademoiselle de Maupin* (1834), de que justamente las cosas más bellas de la vida no son consideradas necesarias («Nada de lo que resulta hermoso es indispensable para la vida. Si se suprimiesen las flores, el mundo no sufriría materialmente. ¿Quién desearía, no obstante, que ya no hubiese flores? Yo renunciaría antes a las patatas que a las rosas, y creo que en el mundo sólo un utilitarista sería capaz de arrancar un parterre de tulipanes para plantar coles», pp. 27-28), le hace eco la convicción del escritor japonés, que, en su obra *El Zen y la ceremonia del té* (1906), identifica en el placer de recoger una flor para regalarla a la compañera el momento preciso en el que la especie humana se eleva por encima de los animales («Al ofrecer a su amada la primera guirnalda, el hombre primitivo se eleva sobre la bestia; saltando sobre las necesidades burdas de la naturaleza, se hace humano, percibiendo la sutil utilidad de lo inútil, entra en el reino del arte», p. 67).

Sin embargo, hay que esperar a que se produzca el encuentro entre el principito y el zorro para acabar de entender en qué consiste «ver con el corazón». Aterrizado en pleno desierto del Sáhara, el joven protagonista está triste: acaba de descubrir que en la Tierra existen miles de rosas y que no era verdad lo que le había hecho creer su flor («Su flor le había contado que era la única de su especie en todo el universo. Y he aquí que había cinco mil, todas semejantes, en un solo jardín», xx, p. 64). Y mientras llora, sentado en la hierba, aparece de repente un zorro:

—Ven a jugar conmigo—le propuso el principito—. ¡Estoy tan triste!...
—No puedo jugar contigo—dijo el zorro—. No estoy domesticado.
—¡Ah! Perdón—dijo el principito.
Pero, después de reflexionar, agregó:
—¿Qué significa *domesticar*?
[...]
—Es una cosa demasiado olvidada—dijo el zorro—. Significa 'crear lazos'.
—¿Crear lazos?
—Sí—dijo el zorro—. Para mí no eres todavía más que un muchachito semejante a cien mil muchachitos. Y no te necesito. Y tú tampoco me necesitas. No soy para ti más que un zorro semejante a cien mil zorros. Pero, si me domesticas, tendremos necesidad el uno del otro. Serás para mí único en el mundo. Seré para ti único en el mundo... [xxi, pp. 67-68].

Las palabras del sabio animal no sólo ayudan al pequeño príncipe a entender el «lazo» que tiene con su rosa («Empiezo a comprender—dijo el principito—. Hay una flor... Creo que me ha domesticado», *ibid.*, p. 68), sino que inician un profundo debate sobre las relaciones afectivas y sobre las diversas formas en las que pueden articularse. Las consideraciones sobre el acto de domesticar requieren, sin embargo, una reflexión. El término francés *apprivoiser* implica un significado complejo, que la palabra italiana *addomesticare* y la castellana *domesticar* no recogen del todo (al menos en sus acepciones más comunes). En efecto, en la cultura francesa el verbo pierde su significado inicial de 'hacer privado, apropiarse', para adquirir, alrededor del siglo XIII, el sentido figurado de 'hacer familiar, familiarizar (una persona o un animal)'. Si el acto de *domesticar* presupone un papel activo (el que domestica) y un papel pasivo (el que se deja domesticar), el vínculo en juego entre el zorro y el principito prevé en cambio una reciprocidad: si es cierto que el pequeño príncipe domestica el zorro, es aún más cierto que el zorro, a su vez, domestica al principito. Los dos interlocutores, en definitiva, activan un proceso en el que «se familiarizan» de manera recíproca.

Pero la acción de *domesticar* presupone necesariamente la de «crear lazos». Sin «lazos», en efecto, no es posible realizar aquel «milagro», admirablemente explicado por el zorro, que transforma a dos interlocutores, inicialmente extraños el uno al otro, en dos seres «únicos». El principito, que era un «muchachito semejante a cien mil muchachitos», se convertirá en «único en el mundo» para el zorro, al igual que este último de «zorro semejante a cien mil zorros» pasará a ser percibido por el principito como «su» zorro («Serás para mí único en el mundo. Seré para ti único en el mundo…»). «Crear lazos» significa también cambiar radicalmente la propia existencia, significa romper la monotonía de lo cotidiano, significa aprender a vivir *para alguien*. En las conmovedoras palabras del pequeño animal del desierto es posible captar, en la práctica, los efectos prodigiosos del arte de *domesticar*:

—Mi vida es monótona. Cazo gallinas, los hombres me cazan. Todas las gallinas se parecen y todos los hombres se parecen. Me aburro, pues, un poco. Pero, si me domesticas, mi vida se llenará de sol. Conoceré un ruido de pasos que será diferente de todos los otros. Los demás pasos me hacen esconder bajo la tierra. El tuyo me llamará fuera de la madriguera, como una música [*ibid.*, pp. 68-69].

El encuentro entre dos seres que se convierten en «únicos» el uno para el otro cambia no sólo la percepción del *otro*, sino también la de las cosas que le circundan. El desinterés del zorro por los campos de grano («¿Ves, allá, los campos de trigo? Yo no como pan. Para mí el trigo es inútil. Los campos de trigo no me recuerdan nada. ¡Es bien triste!») sufrirá una profunda metamorfosis después de los «lazos» entretejidos con el principito: «Pero tú tienes cabellos color de oro. Cuando me hayas domesticado, ¡será maravilloso! El trigo dorado será un recuerdo de ti. Y amaré el ruido del viento en el trigo…» (*ibid.*, p. 69). El arte de *domesticar* vence, en cualquier caso, a la indiferencia. Salir de la visión insular de sí mismo ayuda a «ver» de una manera diferente a los demás y al mismo tiempo la naturaleza que aloja nuestras vidas. Pero para «ver con el corazón» se requiere tiempo. La prisa no favorece la construcción de «lazos» auténticos, no crea las condiciones necesarias para derrotar al egoísmo.

Ante la tierna petición del zorro («¡Por favor…, domestícame!»), el principito reacciona positivamente, pero sin darse cuenta de la contradicción inherente a su respuesta: «Me gustaría—respondió el principito—, pero no tengo mucho tiempo. Tengo que encontrar amigos y conocer muchas cosas» (*ibid.*). El «no tener tiempo», en efecto, es incompatible con el *domesticar* y con cualquier forma de relación afectiva:

—Sólo se conocen las cosas que se domestican—dijo el zorro—. Los hombres ya no tienen tiempo de conocer nada. Compran cosas hechas a los mercaderes. Pero como no existen mercaderes de amigos, los hombres ya no tienen amigos. Si quieres un amigo, ¡domestícame! [*ibid.*, p. 69].

Es verdad: con el dinero se pueden adquirir muchas «cosas ya hechas». En un gran almacén o en un supermercado se experimenta la dificultad de elegir. Pero el zorro sabe muy bien que la amistad (al menos aquella que es auténtica) no está en venta («no existen mercaderes de amigos») y ésa es la razón por la que «los hombres ya no tienen amigos». Los amigos, en definitiva, no se compran, ni (lo veremos más adelante) se alquilan. Sólo pueden *domesticarse*. Y para *domesticarlos*, como explica el pequeño animal del desierto a su joven interlocutor que le pregunta «¿Qué hay que hacer?», es necesario dedicarle tiempo, mucho tiempo:

—Hay que ser paciente—respondió el zorro—. Te sentarás al principio un poco lejos de mí, así, en la hierba. Te miraré de reojo y no dirás nada. La palabra es fuente de malentendidos. Pero, cada día, podrás sentarte un poco más cerca… [*ibid.*, p. 69].

Sin embargo, el silencio y la paciencia por sí solos no son suficientes. También la «puntualidad» desempeña un papel primordial a la hora de «crear lazos». La regularidad de las citas sirve para preparar «el corazón», para hacer la espera más emocionante, para descubrir «el precio de la felicidad»:

Al día siguiente volvió el principito.
—Hubiese sido mejor venir a la misma hora—dijo el zorro—. Si vienes, por ejemplo, a las cuatro de la tarde, comenzaré a ser feliz desde la tres. Cuanto más avance la hora, más feliz me sen-

tiré. A las cuatro me sentiré agitado e inquieto; ¡descubriré el precio de la felicidad! Pero si vienes a cualquier hora, nunca sabré a qué hora preparar mi corazón... Los ritos son necesarios [*ibid.*, pp. 69-70].

El arte de domesticar, en definitiva, no puede prescindir de las «ceremonias». Pero no debe confundirse el rito con el hábito, porque, como explica el zorro, «[un rito] es lo que hace un día diferente de los otros días, una hora de las otras horas» (*ibid.*). Para solidificarse, los «lazos» requieren una «sacralidad» que se construye, cotidianamente, a través de silencios elocuentes, pequeños gestos, acciones simples. Sólo después de la conversación con su nuevo amigo del desierto, el principito entiende que, sin saberlo, había *domesticado* a su flor y que, al mismo tiempo, también su flor le había *domesticado* a él. Ahora, para el muchacho del cabello de oro, es mucho más fácil percibir la diferencia entre las infinitas rosas y «su» rosa:

El principito se fue a ver nuevamente las rosas:
—No sois en absoluto parecidas a mi rosa; no sois nada aún —les dijo—. Nadie os ha domesticado y no habéis domesticado a nadie. Sois como mi zorro. No era más que un zorro semejante a cien mil otros. Pero yo lo hice mi amigo y ahora es único en el mundo [*ibid.*, p. 72].

El vínculo tejido con el zorro («Pero yo lo hice mi amigo y ahora es único en el mundo») se transforma en un espejo capaz de revelar el vínculo que precisamente él había tejido con la rosa. En la imagen refleja, en efecto, reverberan los numerosos encuentros con la flor y los ritos cotidianos construidos en el tiempo:

—Sois bellas, pero estáis vacías—continuó—. No se puede morir por vosotras. Sin duda que un transeúnte común creerá que mi rosa se os parece. Pero ella sola es más importante que todas vosotras, puesto que es ella la rosa que he regado. Puesto que es ella la rosa que puse bajo un globo. Puesto que es ella la rosa que abrigué con el biombo. Puesto que es ella la rosa cuyas orugas maté (salvo las dos o tres que se hicieron mariposas). Puesto que es ella la rosa a la que escuché quejarse, o alabarse, o aun, algunas veces, callarse. Porque ella es mi rosa [*ibid.*, p. 72].

Ahora el principito, al decir adiós al zorro, es consciente de lo que significa «ver con el corazón». Para captar lo esencial, «invisible a los ojos», es necesario cuidar las cosas que amamos. Regar la rosa, protegerla con una campana de cristal y con un biombo, limpiarla de parásitos, escucharla en la alegría y en el sufrimiento: así, con humildes cuidados cotidianos, se construyen lazos sólidos que transforman a los destinatarios de nuestro amor en seres «únicos». Pero para *domesticar*, conviene repetirlo una vez más, se requiere tiempo:

—El tiempo que perdiste por tu rosa hace que tu rosa sea tan importante.
—El tiempo que perdí por mi rosa…—dijo el principito, a fin de acordarse.
—Los hombres han olvidado esta verdad—dijo el zorro—. Pero tú no debes olvidarla. Eres responsable para siempre de lo que has domesticado. Eres responsable de tu rosa…
—Soy responsable de mi rosa—repitió el principito, a fin de acordarse [*ibid.*, p. 74].

Algunos críticos han intentado asociar la imagen de la rosa a personas concretas ligadas a la vida de Antoine de Saint-Exupéry. Se ha pensado en su esposa Consuelo o en la madre del autor (de la que el escritor se separa cuando decide ejercer la profesión de aviador) y en una amiga misteriosa. Pero, con independencia de las posibles implicaciones autobiográficas, me parece evidente que la relación simbólica con la rosa puede modularse libremente de infinitas formas. Por encima de todo, nos enseña que nosotros somos los responsables de los lazos que hemos creado y que podemos llegar a ser mejores sólo con que vivamos para *alguien* o para *algo*: una promesa o una esposa, un amigo o una compañera de escuela, un desconocido o un vecino, un animal herido o una rama partida, un libro que leer o una profesión que ejercer, una libertad que defender o un derecho civil que reivindicar, ¡poco importa! Sin los otros y sin una pasión por cultivar, nuestra vida, concebida en el restringido perímetro de una egoísta visión insular, sería árida y miserable. El tiempo que el principito ha dedicado a su rosa y a su zorro ha enriquecido de forma notable su búsqueda personal dirigida a dar un sentido a su vida.

Naturalmente, no es posible reducir *El principito* sólo a estas reflexiones. La riqueza del texto sugiere otros muchos caminos. Aquí he querido presentar un aspecto particular que he experimentado muchas veces en las clases con mis estudiantes. De forma profética, en las páginas en las que me he detenido, Saint-Exupéry señala algunas de las plagas que hoy han alcanzado proporciones preocupantes en nuestra sociedad. Pienso en el culto a las cifras y a las mediciones que hoy en día ha contaminado todos los aspectos de la educación y de la enseñanza en las escuelas y en las universidades. La atención dedicada a la evaluación (que en sí misma debe considerarse legítima y necesaria) se ha transformado en una obsesión burocrática por los números, basada exclusivamente en la «cantidad». La lógica «computacional» parece ser hoy en día el modelo natural de una concepción empresarial de la instrucción íntegramente proyectada hacia las llamadas «exigencias» del mercado: la empresa-universidad vende diplomas y los estudiantes-clientes (¡así los llaman explícitamente sin avergonzarse!) los compran con el objetivo exclusivo de disponer de un pasaporte para el mundo laboral. Y la consolidación de este criterio comporta que el prestigio de las universidades se mide cada año por una serie de clasificaciones internacionales, en las que el «valor comercial» de los centros universitarios sube y baja como ocurre con las acciones y con las mercancías en todas las bolsas del mundo.

Es una deriva mercantil que, por desgracia, está comprometiendo también el futuro de la investigación científica. El 19 de julio de 2018 el diario *Le Monde* titulaba en portada: «Alerta sobre el negocio de la falsa ciencia». Tres largos artículos en el interior y un editorial, para denunciar la difusión de revistas pseudocientíficas, nacidas para hinchar los currículos de los investigadores, respondiendo a los criterios impuestos por las diversas agencias evaluadoras, es decir, rapidez, cantidad e impacto (número de citas y otros mecanismos estudiados por la cienciometría). Los datos sobre la cuestión son elocuentes: si en 2004 los artículos considerados «dudosos» fueron 1894, en 2015 se contabilizaron 59 433. Sin embargo, esto es sólo un aspecto de un fenómeno mucho más destructivo e insidioso que está minando por la base el papel mismo de la investigación y de la enseñanza en las escuelas y las universidades. Las reformas y los proyectos de leyes se orientan cada vez más por la estrella polar del mercado y por los sistemas de evaluación que miden «resultados» y eficiencia. El riesgo está ya a la vista de todos: una gran parte de profesores e investigadores son incitados a escalar posiciones. Las evaluaciones no se limitan a medir, sino que orientan la dirección futura de la investigación y de la enseñanza. En la base de cualquier decisión está siempre la prioridad del *business*: obtener financiación, ocupar las posiciones más altas en las clasificaciones, conseguir certificados de excelencia. Desde las escuelas primarias hasta los grandes laboratorios, «beneficio» y «mercado» son ahora las palabras clave.

Por otro lado, todo el mundo conoce el léxico que domina en la galaxia de la escuela y la universidad: agilizar, ahorrar, simplificar, anticipar. No podemos extrañarnos, por lo tanto, si leemos circulares ministeriales que promueven una homologación por abajo. En Italia se reducen a cuatro años, de manera experimental, los estudios en escuelas superiores y se suprime la «prueba final» (la tesis) para obtener el diploma trienal. En el primer caso, según nos cuentan, el «ahorro» haría felices a los estudiantes (¡que se gradúan a los dieciocho años!) y, al mismo tiempo, beneficiaría las arcas del Estado (¡que ahorraría tres mil millones!). En el otro caso, en cambio, se trataría de una estrategia para hacer «crecer con mayor celeridad el número de diplomados». En la estela de esta política «comercial» de la enseñanza, la Universidad de Florencia, sólo por citar un ejemplo reciente, ha llegado a convocar premios de graduación, dotados cada uno con quinientos euros, para gratificar a los estudiantes que hayan conseguido el diploma en los plazos establecidos por las leyes: en absoluto se prioriza la calidad (a menudo ocurre que un estudiante atrasado de un nivel puede, a la larga, obtener mejores resultados que otro estudiante que sigue el curso que le corresponde), sino a la rapidez con la que se alcanza la meta (sólo debido a la primera selección determinada por la «puntualidad», en efecto, ¡entra en juego el parámetro ligado al mérito!).

Inevitablemente, la reducción de costes y de tiempo sólo favorece la cantidad. Pero ¿quién se preocupa de la calidad de nuestros estudiantes? Y ¿quién se preocupa en general de la calidad en un sistema de evaluación dominado exclusivamente por los números y las cifras? En vez de reforzar los conocimientos de los alumnos de secundaria (fortaleciendo las disciplinas fundamentales) y de imponer un estándar más alto en las tesis (educando mejor para la investigación y, sobre todo, para la escritura), se nos somete a la lógica devastadora del *fast*, con la promesa demagógica de una inserción anticipada en el mundo del trabajo (y ¿para hacer qué, dada la alta tasa de desempleo juvenil?). Una tendencia que desgraciadamente ya ha arraigado en otros países europeos.

A todo ello hay que añadirle también el gravísimo hecho de que hoy en día los parámetros internacionales de la enseñanza están cada vez más condicionados por las directrices de agencias (públicas y privadas) transnacionales. Corresponde a los expertos del Banco Mundial (BM), de la Organización para la Cooperación y Desarrollo Económico (OCDE) y de la Organización Mundial del Comercio (OMC) indicar los criterios a través de los cuales se evalúa el aprendizaje en las escuelas de los Estados miembros. Un ambicioso sistema de reglas dirigido a crear un canon homogéneo capaz de ofrecer, a través de encuestas periódicas, una «radiografía» objetiva y uniforme de los distintos sistemas educativos. La eficiencia de la enseñanza no se mide ya por los «conocimientos» que es necesario transferir a los estudiantes, sino por las «competencias» que los alumnos habrán de adquirir con vistas a su futura inserción en el mercado del trabajo. Formulado en otros términos, el objetivo ahora ya no es formar a ciudadanos cultos capaces de entenderse a sí mismos y de entender el mundo que les rodea de una manera crítica, sino preparar a profesionales capaces de adaptarse a los requisitos de la producción global. Los resultados de estas tendencias, fruto de una «pedagogía mercantil», comienzan ya a ponerse de manifiesto. En Italia, por ejemplo, en el último control INVALSI (Instituto Nacional para la Evaluación del Sistema Educativo de Enseñanza y Formación) efectuado en mayo de 2018, uno de los puntos (¡además, formulado en un pésimo italiano!) del cuestionario suministrado a estudiantes de la escuela primaria contenía esta pregunta:

Pensando en tu futuro, ¿hasta qué punto crees que estas frases son ciertas?
  A. Conseguiré el título de los estudios que quiero.
  B. Tendré siempre suficiente dinero para vivir.
  C. En la vida conseguiré hacer lo que deseo.
  D. Conseguiré comprar las cosas que quiero.
  E. Encontraré un buen trabajo.

Preguntar a niños de una franja de edad entre siete y diez años «¿Tendré suficiente dinero para vivir?» o «¿Conseguiré comprar las cosas que quiero?» es un crimen que por desgracia no despierta indignación alguna. Parece evidente que el objetivo principal de la educación—en sintonía con la religión del provecho que hoy domina en todo el mundo—debe ser formar a futuros consumidores sólo interesados en una enseñanza funcional a las exigencias de la producción mundial para garantizar un acceso a una profesión que sirva para asegurar abundantes beneficios. Lentamente, las escuelas y las universidades producirán ejércitos de potenciales «emprendedores» y «compradores» que harían palidecer al hombre de negocios, «propietario» de estrellas, hallado por el principito en sus peregrinaciones cósmicas.

Pero al releer a los estudiantes las maravillosas páginas sobre el arte de la domesticación, otros rayos de luz pueden contribuir a desenmascarar las contradicciones del presente. También el conocimiento requiere tiempo, tranquilidad, dedicación. No es cierto, como quieren hacernos creer, que la prisa y la facilidad—lo habían recordado ya brillantemente Friedrich Nietzsche (*cf. infra*, p. 226) y Rainer Maria Rilke (*cf. infra*, p. 244)—favorezcan el aprendizaje. Para conocer, es necesario ese «cuidado» y ese empeño que el muchacho del cabello de oro ponía al ocuparse de «su» rosa. Y sin tiempo no se cultiva ni siquiera la amistad. Sin querer ofender a las agencias japonesas (la noticia de este próspero nuevo negocio ha dado la vuelta al mundo), un falso amigo «alquilado» (como se alquila un coche) no es lo mismo que un auténtico amigo «domesticado».

La conmovedora conversación sobre los «ritos», sobre el «crear lazos», sobre la continua atención que requieren las relaciones humanas consigue—lo he verificado muchas veces en clase—conmover a los alumnos universitarios y también a los más jóvenes de secundaria. Las palabras del zorro ponen en cuestión la idea difusa y banal de que la amistad pueda corresponderse con un clic en Facebook. Tener mil quinientos amigos en un perfil social no significa nada. «Ver con el corazón» da a entender que una relación tiene necesidad de lazos vivos, verdaderos, auténticos. Chatear en el WhatsApp y *domesticar* al amigo que tienes delante no es lo mismo. La dependencia de los dispositivos crea una preeminencia de lo «virtual», hasta el punto de que cada vez es más frecuente ver a jóvenes sentados juntos, uno al lado del otro, pero cada uno de ellos con la cabeza inclinada sobre su *smartphone*, ignorándose sin intercambiar una palabra: ¡envían mensajes a etéreos interlocutores alejados quién sabe cuántos kilómetros, mientras descuidan a aquellos, de carne y hueso, que están a pocos centímetros de distancia!

El mismo discurso es válido para los usuarios de las redes sociales que, encerrados en una habitación, creen tejer relaciones a través de un ordenador o un *smartphone*: tras la aparente red de relaciones humanas, rica en frecuentes intercambios y conversaciones, se esconde de hecho una nueva forma de «soledad», que condena a los protagonistas a vivir aislados en sus casas, lejos de todo contacto auténtico con la realidad y con la vida. De este modo, creyendo incentivar el encuentro con los demás a través de una conexión permanente, lo cierto es que uno está cada vez más solo y alimenta desmesuradamente el propio individualismo hasta el punto de hacerlo coincidir con la visión egoísta del hombre-isla.

Pero hay algo más. En las páginas iniciales, el encuentro entre el aviador y el principito invita a otras reflexiones. A veces basta con una simple imagen para descubrir profundas «afinidades electivas». El alter ego del autor, en efecto, refiere una historia autobiográfica que no sólo revela su pasión por el dibujo (atestiguada, por otra parte, por la presencia en el libro de numerosas ilustraciones, realizadas por el propio Antoine de Saint-Exupéry). El relato se convierte sobre todo en una oportunidad para «crear lazos» o, por el contrario, para «medir distancias». A los seis años, bajo el impacto de un dibujo en el que una boa engulle una presa entera, el aspirante a pintor se siente arrebatado al instante por la inspiración creativa:

Reflexioné mucho, entonces, sobre las aventuras de la selva y, por mi parte, logré trazar con un lápiz de color mi primer dibujo. Mi dibujo número 1. Era así:

Mostré mi obra maestra a los mayores y les pregunté si mi dibujo les asustaba. Me respondieron: «¡Asustar! ¿Por qué habría de asustar un sombrero?». Mi dibujo no representaba un sombrero. Representaba una serpiente boa digiriendo un elefante. Entonces dibujé el interior de la serpiente boa para que los mayores pudiesen entenderlo. Siempre necesitas darles explicaciones. Mi dibujo número 2 era así:

Los mayores me aconsejaron que dejara a un lado los dibujos de serpientes boas abiertas y cerradas y que me interesara un poco más en la geografía, la historia, el cálculo y la gramática. Así fue como, a la edad de seis años, abandoné una magnífica carrera de pintor. Estaba desalentado por el fracaso de mi dibujo número 1 y de mi dibujo número 2 [1, pp. 9-10].

El primer dibujo, en definitiva, ayuda a distinguir formas diferentes de ver la realidad. Los «mayores» (que «nunca comprenden nada por sí solos») no pueden «ver» correctamente sin una explicación: «Tuve así, en el curso de mi vida, muchísimas relaciones con muchísima gente seria. Viví mucho con personas mayores. Las he visto muy de cerca. No ha mejorado excesivamente mi opinión» (1, p. 10). Así, durante mucho tiempo, la representación de la boa constituía para el dibujante en ciernes una prueba óptima para tratar de «entender» si el interlocutor ocasional era «verdaderamente [una persona] comprensiva»: por desgracia, ante las imágenes, «ya fuera hombre o mujer», seguía respondiendo: «Es un sombrero» (*ibid.*, p. 11). Años después, el encuentro con el principito cambia radicalmente la percepción de las cosas. Puesto delante del primer dibujo, el niño del cabello de oro responde de inmediato: «¡No! ¡No! No quiero un elefante dentro de una boa. Una boa es muy peligrosa y un elefante muy voluminoso» (11, p. 14).

Para los «mayores», privados de toda sensibilidad, ese dibujo representa un sombrero. Para una «persona comprensiva» y abierta, en cambio, es una boa que digiere a un elefante. La misma imagen puede suscitar interpretaciones muy distantes entre sí. Si bien la mayor parte no llega a «ver», existen por fortuna seres humanos capaces aún de «ver con el corazón». El experimento del aviador no es un ejercicio retórico. Es un indicador que, como en un test químico, ayuda a revelar atracciones y repulsiones. Para entenderlo mejor, no es difícil adaptar la experiencia del joven artista a los crudos acontecimientos de nuestros días. Tomemos, por ejemplo, una de esas imágenes que en los últimos años hemos visto pasar por las pantallas de las televisiones de todo el mundo: una gran barcaza llena de hombres y mujeres con niños pequeños, mientras navega por las aguas del Mediterráneo. Para muchos políticos de derechas y grupos neonazis de diferentes países europeos se trata de veraneantes clandestinos que vienen a divertirse en Italia y en Europa. Para otros, en cambio, esta misma embarcación alberga a una humanidad desesperada que, sometida a violencias terribles, arriesga la vida para huir del hambre y las guerras.

Es cierto que sería un error gravísimo pensar que la realidad pueda dividirse netamente entre blanco y negro, entre bien y mal. Pero la prueba del dibujo es una metáfora que va mucho más allá de esta visión simplista de los contrastes. El aviador y el principito ven lo mismo. Comparten una sensibilidad diametralmente opuesta a la de los «mayores». Indiferentes a las cifras, a las medidas y a la prisa, saben muy bien que los lazos entre los seres humanos pueden dar un sentido fortísimo a la vida.

II. UNA CONCLUSIÓN PARA NO CONCLUIR

Hojeando mi cuaderno de apuntes, me doy cuenta de que aún podría continuar citando a otros autores. Pero una introducción—como cualquier tipo de texto—no puede superar ciertos límites. Aun así, releyendo las páginas que he escrito, se me hace difícil dar la última pincelada. Ello se debe en parte a que me gustaría hacer oír la voz de otros clásicos que, en la línea de las cuestiones abordadas, podrían aportar otras contribuciones esenciales. Y en parte a que siempre es difícil escribir la última palabra cuando se abordan temas tan complejos y cautivadores. Me siento como aquel pintor, del que habla Platón, que nunca llega a terminar su cuadro:

Sabes que la actividad de aquellos pintores, por ejemplo, no parece tener un límite en lo que hace a cada una de sus figuras, sino que parece que, al retocarla, nunca fueran a terminar de colorearla o aclararla, o como lo llamen los aprendices de pintor, de tal forma que ya no fuera posible hacer la pintura más bella y luminosa [*Las leyes*, VI, 769 ab].

Está claro que en mi caso no cuenta la búsqueda de la perfección. Se trata más bien de una insatisfacción de fondo que nace propiamente de la desproporción entre la potencial inmensidad del tema y la modesta elección de textos con los que he construido este recorrido introductorio. Un viaje, por decirlo con De Maistre, hecho «a lo largo y a lo ancho», «en diagonal», «zigzagueando» y, sobre todo, «sin seguir ninguna regla o método» (IV, p. 47). He hablado de clásicos que he amado y que, una vez más, he compartido en buena medida con mis estudiantes en mis cursos. Ésta es la razón por la que estas páginas introductorias—pero

lo mismo podría valer también para el libro entero—se ase-
mejan a aquellas «muestras desprendidas de su pieza» de
que habla Montaigne, las cuales, en razón de su naturaleza
precaria, exoneran al autor de la pretensión de «tratar las
cuestiones hasta el fondo»:

Me arriesgaría a tratar a fondo alguna materia si me conociera
menos y me engañase sobre mi incapacidad. Esparciendo una
frase por aquí, otra por allí—muestras desprendidas de su pieza, separadas, sin propósito ni promesa—, no estoy obligado a
tratarlas en serio, ni a mantenerme yo mismo en ellas, sin variar
cuando se me antoje ni retornar a la duda y a la incertidumbre, y a
mi forma maestra, que es la ignorancia [*Los ensayos*, I, L, p. 539].

BIBLIOGRAFÍA (POR ORDEN DE APARICIÓN)

1.

NUCCIO ORDINE, *Clásicos para la vida. Una pequeña biblioteca
ideal*, trad. Jordi Bayod, Barcelona, Acantilado, 2017.
JOHN DONNE, *Devociones para circunstancias inminentes y duelo por la muerte*, pref. Carlos Zanón, pról. Andrew Motion,
trad. James Collyer, con un apéndice con *Vida de John Donne*
de Izak Walton, Barcelona, Navona, 2018.
STEFANO RODOTÀ, *El derecho a tener derechos*, trad. José Manuel Revuelta, Madrid, Trotta, 2014.

2.

FRANCIS BACON, *De la sabiduría egoísta*, trad. Maritza Izquier-
do, Madrid, Verbum, 2019 (para la versión original de los *Ensayos*, véase por ejemplo la ed. de Michael Kearnan, *Essayes,
Counsels, Civill and Moral*, Oxford, Clarendon Press, 1985).

Sobre la presencia de la imagen insular en la tercera edición de los *Ensayos* (1625) de Bacon y sobre la relación con la meditación de John Donne, véase JOHN CROSSET, «Bacon and Donne», *Notes and Queries*, octubre de 1960, pp. 386-387.

Para las referencias al árbol del bálsamo en la cultura clásica, véanse al menos las obras de TEOFRASTO, *Historia de las plantas*, intr., trad. y notas J. M. Díaz-Regañón López, libro IX, Madrid, Gredos, 1988, y de PLINIO EL VIEJO, *Historia natural*, libros XII-XVI, coord. Ana M. Moure Casas, trad. y notas F. M. Manzanero Cano, I. García Arribas, M. L. Arribas Hernáez, Ana M. Moure Casas y J. L. Sancho Bermejo, Madrid, Gredos, 2010; libros XVII-XIX, coord. Ana M. Moure Casas, trad. Encarnación del Barrio Sanz, Luis Alfonso Hernández Miguel y Ana M. Moure Casas, Madrid, Gredos, 2020.

JOACHIM CAMERARIUS, *Symbolorum et emblematum ex re herbaria desumtorum centuria uno*, s. l., 1590, [emblema XXXVI], pp. 37v-38r.

PROSPERO ALPINO, *De balsamo dialogus*, Venecia, Sub Signum Leonis, 1591.

Para un análisis de la fortuna del símbolo del árbol del bálsamo en la cultura renacentista (con particular atención al emblema de Camerarius y a la difusión del término *bálsamo* en el área española), véanse en la actualidad BEATRIZ ANTÓN y ROSA MARÍA ESPINOSA, «Vulnere vulnera sano o el bálsamo de la mutua benevolencia», en: *Studia Angelo Urbano dicata*, ed. Salvador López Quero y José María Maestre, Alcañiz-Madrid, Instituto de Estudios Humanísticos-Federación Andaluza de Estudios Clásicos, 2015, pp. 17-35. En este erudito e importante trabajo no se hace referencia al pasaje contenido en los *Ensayos* de Bacon.

ANDRÉS LAGUNA, *Pedacio Dioscorides Anazarbeo, Acerca de la materia medicinal, y de los venenos mortiferos, Traduzido de lengua Griega, en la vulgar Castellana, & illustrado con claras y substantiales Annotationes, y con las figuras de innumeras plantas exquisitas y raras*, Amberes, Juan Latio, 1555, pp. 25-27 (cf. BEATRIZ ANTÓN y ROSA MARÍA ESPINOSA, «Vul-

nere vulnera sano o el bálsamo de la mutua benevolencia»,
art. cit., p. 24).

3.

Véase la espléndida traducción italiana de Nadia Fusini, gran estudiosa de Woolf: VIRGINIA WOOLF, *Le onde*, trad. Nadia
Fusini, Turín, Einaudi, 1995 [*Las olas*, trad. Andrés Bosch,
Barcelona, Lumen, 1972].

Para la voz *main*, cf. *The Oxford English Dictionary*, 2.ª ed. Johan Andrew Simpson y Edmund S.C. Weiner, vol. IX, Oxford,
Clarendon Press, 1989, p. 216.

Los versos de William Shakespeare se encuentran en *La tragedia
di Re Riccardo III*, *Vita e morte di Re Giovanni* y *Sonetti* (eds.
bilingües), en: *Tutte le opere*. vols. III y IV, Milán, Bompiani,
2017 y 2018.

La traducción «*presero il mare sul navicello e via a riscoprire
l'America*» ('tomamos el mar con un pequeño barco para ir
a redescubrir América' [«*and put to sea to recover the main
of America*»]) está en JAMES JOYCE, *Ulisse*, intr. Giorgio
Melchiori, trad. Giulio De Angelis, Milán, Mondadori, 1971,
p. 552. Para la traducción a contracorriente de Terrinoni, *cf.
Ulisse*, al cuidado de Enrico Terrinoni, trad. E. Terrinoni, Milán, Bompiani, 2022. Para la ed. inglesa, *cf. Ulysses*, ed. Declan Kiberd, Londres, Penguin, 1992.

El diario de Virginia Woolf, ed. y trad. Olivia de Miguel, vol. I (1915-
1919), vol. II (1920-1924), vol. III (1925-1930), vol. IV (1931-
1935) y vol. V (1926-1941), Madrid, Tres Hermanas, 2017-2022.

J. DONNE, *Sonetti sacri*, en: *Poesie*, ed. bilingüe y trad. Alessandro Serpieri y Silvia Bigliazzi, Milán, Rizzoli, (x), pp. 920-923
[*Canciones y sonetos*, ed. bilingüe Purificación Ribes, Madrid,
Cátedra, 2004]. Sobre la presencia de estos versos de Donne
al final de la novela *Las olas*, *cf.* VIRGINIA WOOLF, *Romans
et nouvelles (1917-1941)*, pref., noticias y notas Pierre Nordon,
París, Le livre de Poche, 2015, p. 1259, n. 35.

MATTHEW ARNOLD, *Dover Beach and Other Poems*, ed. Candace Ward, Nueva York, Dover, 1994. He utilizado la bella traducción italiana de Luca Manini en *Testo a fronte*, n.° 46, 2012, pp. 86-89. [En castellano, véase la versión de Silvina Ocampo en *Poetas líricos en lengua inglesa*, Barcelona, Océano, 1999]. Sobre el tema de las olas en el poema de Arnold, *cf.* FRANCESCO MINETTI, «La voce delle onde in Dover Beach di Matthew Arnold», en: *Giornale di Bordo. Saggi sull'immagine poetica del mare*, ed. Agostino Lombardo, Roma, Bulzoni, 1987, pp. 285-306.

WALT WHITMAN, *Foglie d'erba*, ed. bilingüe, intr. y trad. Mario Corona, Milán, Mondadori, 2017, pp. 250-253. Las referencias a Carpenter se hallan en la introducción de Corona. [*Hojas de hierba*, ed. Francisco Alexander, Madrid, Visor, 2009].

NEAL E. BUCK, «Whitman in The Waves», *Literary Imagination*, n.° 15, 2013, pp. 300-314. Buck señala, en la nota 27, un interesante ensayo de David S. Reynolds (*Walt Whitman*, Oxford, Oxford University Press, 2005, p. 28) en el que Whitman describiría a los individuos como átomos, comparando la sociedad con la naturaleza.

VIRGINIA WOOLF, *La stanza di Jacob*, en: *Romanzi*, ed. e intr. N. Fusini, Milán, Mondadori, 1998. [*El cuarto de Jacob*, trad. Andrés Bosch, Barcelona, Debolsillo, 2022].

—, «Donne tres siglos después», en: *El lector común*, sel., trad. y notas Daniel Nisa Cáceres, con la colaboración de Ana Pérez Vega, Barcelona, Lumen, 2009, pp. 118-138.

4.

LUCIO ANNEO SENECA, *Lettere morali a Lucilio*, ed. bilingüe Fernando Solinas, pref. Carlo Carena, Milán, Mondadori, 1995, 2 vols. [*Epístolas morales a Lucilio*, intr., trad. y notas Ismael Roca Meliá, Madrid, Gredos, 1994, 2 vols.].

TERENCIO, *Heautontimorumenos* (*El atormentado*), en: *Comedias completas*, intr. y trad. Gonzalo Fontana Elboj, Madrid, Gredos, 2021.

PLATÓN, *Las leyes*, intr., trad. y notas Francisco Lisi, Madrid, Gredos, 1999, 2 vols.

CICERÓN, *Los deberes*, intr., trad. y notas Ignacio J. García Pinilla, Madrid, Gredos, 2014.

5.

SAADI DE SHIRAZ, *El jardín de las rosas (Gulistán)*, trad. Omar Ali Shah y Carmen Liaño, Madrid, Sufi, 2001.

6.

MICHEL DE MONTAIGNE, *Essais. Saggi*, ed. André Tournon, trad. Fausta Garavini (revisada y corregida), Milán, Bompiani, 2012. [*Los ensayos (según la edición de 1595 de Marie de Gournay)*, pról. Antoine Compagnon, ed. y trad. Jordi Bayod, Barcelona, Acantilado, 2007].

Sobre el tema del *otro* como presencia necesaria para la percepción del *yo*, véase el artículo de PHILIPPE DESAN, «Autre», en: *Dictionnaire de Michel de Montaigne*, dir. P. Desan, nueva ed. revisada, corregida y aumentada, París, Champion, 2007, pp. 98-100. Sobre la originalidad del diálogo y/u otros en Montaigne, véase también ANTOINE COMPAGNON, *Un verano con Montaigne*, trad. Núria Petit, Barcelona, Paidós, 2014.

Sobre la famosa carta del Secretario florentino, dirigida a Francesco Vettori el 10 de diciembre de 1513, en la que se habla de su amor por los clásicos, *cf.* NICCOLÒ MACHIAVELLI, *Lettere*, ed. Franco Gaeta, Turín, UTET, 1984, pp. 423-428. Aquí, naturalmente, la comparación está justificada sólo por el diálogo con los antiguos escritores: Montaigne, a diferencia de Maquiavelo, no se «cambiaba de ropa» («Llegada la tarde, regreso a casa y entro en mi escritorio; en el umbral me quito la ropa de cada día, llena de barro y de lodo, y me pongo paños reales y curiales. Vestido decentemente, entro en las antiguas cortes de los hombres antiguos, donde—recibido por ellos amistosamente—me nutro con aquel alimento que *solum* es mío y para el cual nací»).

Sobre el intenso debate en torno a la afirmación «Todo

hombre comporta [*porte*] la forma entera de la condición humana», véanse al menos ANDRÉ TOURNON, «*Route par ailleurs*». *Le «nouveau langage» des Essais*, París, Champion, 2006, pp. 130-151, y JEAN-YVES POUILLOUX, «La forme maîtresse», en: *Montaigne et la Question de l'Homme*, coord. Marie-Luce Demonet, París, PUF, 1999, pp. 33-45).

Para las reflexiones de Montaigne sobre la «sociedad», *cf.* FRÉDÉRIC BRAHAMI, «Société», en: *Dictionnaire de Michel de Montaigne*, *op. cit.*, pp. 1078-1080.

Sobre Montaigne y el descubrimiento del Nuevo Mundo, véanse al menos FRANK LESTRINGANT, *Le cannibale. Grandeur et décadence*, pref. Pierre Chaunu, París, Perrin, 1994, y PHILIPPE DESAN, *Montaigne, les Cannibales et les Conquistadores*, París, Nizet, 1994. Sobre la invectiva de Giordano Bruno contra los marinos de Colón, considerados como piratas sedientos de oro y plata, *cf.* NUCCIO ORDINE, «L'età dell'oro e il topos del tuo e del mio», en: *Contro il Vangelo armato. Giordano Bruno, Ronsard e la religione*, present. Giulio Giorello, pref. Jean Céard, Milán, Raffaello Cortina, 2007, pp. 81-94.

Sobre el tema del *ensayar* en Montaigne, *cf.* FAUSTA GARAVINI, «Il palazzo degli specchi», en: Michel de Montaigne, *Essais. Saggi*, *op. cit.*, pp. VII-XII (la cita se encuentra en la p. VIII).

7.

WILLIAM SHAKESPEARE, *La storia di Re Lear*, ed. bilingüe Gary Taylor, intr., trad. y notas Masolino D'Amico, en: *Tutte le opere*, vol. 1, Milán, Bompiani, 2014. [*El Rey Lear*, trad. y ed. Ángel-Luis Pujante, Madrid, Austral, 2007].

Para una reseña sobre el símbolo del Sileno en el Renacimiento, *cf.* NUCCIO ORDINE, «L'asino come i Sileni: le apparenze ingannano», en: *La cabala dell'asino. Asinità e conoscenza en Giordano Bruno*, pref. Ilya Prigogine, pról. Eugenio Garin, nueva ed. ampliada, Milán, La nave di Teseo, 2017³ [1987], pp. 189-206.

8.

XAVIER DE MAISTRE, *Viaje alrededor de mi habitación*, trad. Puerto Anadón, il. Gustave Staal, seguido de SAINTE-BEUVE, *Semblanza de Xavier de Maistre*, trad. J. M. Lacruz Bassols, Madrid, Funambulista, 2007.

CHARLES BAUDELAIRE, «El viaje», en: *Las flores del mal*, trad. Antonio Martínez Sarrión, Madrid, Alianza, 1988, pp. 173-179.

Sobre los diálogos de Giusto Bottaio con su alma, *cf.* CHIARA CASSIANI, «Metamorfosi di anima e corpo: I Capricci», en: *Metamorfosi e conoscenza. I dialoghi e le commedie di Giovan Battista Gelli*, pref. Gennaro Savarese, Roma, Bulzoni, 2006, pp. 29-102. Sobre el símbolo del centauro Quirón (entre política, medicina y literatura) en el *Príncipe* de Maquiavelo, *cf.* NUCCIO ORDINE, *Tres coronas para un rey. La empresa de Enrique III y sus misterios*, pref. Marc Fumaroli, trad. Jordi Bayod, Barcelona, Acantilado, 2022.

9.

LEV TOLSTÓI, *Lo que debe hacerse*, trad. Camilo Millán, Barcelona, Maucci, 1902.

NIKOLÁI GAVRÍLOVICH CHERNISHEVSKI, *¿Qué hacer?,* trad. Amelia Serraller Calvo, Madrid, Akal, 2014.

VLADÍMIR ILICH ULIÁNOV (LENIN), *¿Qué hacer?*, trad. Francisco Herreros, Madrid, Alianza, 2014.

10.

ANTOINE DE SAINT-EXUPÉRY, *El Principito*, trad. Bonifacio del Carril, Salamandra, Barcelona, 2015.

Sobre la simplicidad como esencia de la literatura, *cf.* NUCCIO ORDINE, *La utilidad de lo inútil*, trad. Jordi Bayod, Barcelona, Acantilado, 2013.

THÉOPHILE GAUTIER, «Prefacio del autor», en: *Mademoiselle de Maupin*, trad. Carlos de Arce, Barcelona, Mondadori, 2007 (un rico comentario en T. GAUTIER, *La Préface de Mademoiselle de Maupin*, ed. Georges Matoré, París, Droz, 1946).

KAKUZŌ OKAKURA, *El libro del té. La Ceremonia del Té japonesa (Cha no Yu)*, trad. José Javier Fuente del Pilar, Madrid, Miraguano, 2012, p. 95.

Sobre el término *apprivoiser, cf. Le Robert. Dictionnaire historique de la langue française*, dir. Alain Rey, París, Dictionnaire le Robert, 1992, t. I (A-L), p. 96.

Sobre las diversas interpretaciones de la rosa en clave autobiográfica, *cf.* MICHEL AUTRAND, «Notice», en: A. DE SAINT-EXUPÉRY, *Œuvres complètes*, París, Gallimard, 1999, t. II, pp. 1351-1353. Pero Autrand señala también en nota las reflexiones del general René Gavoille que, partiendo de una carta de Saint-Exupéry a Pierre Dalloz, propone que la rosa puede ser también un símbolo del amor, más general, a los seres humanos (*ibid.*, n. 2, p. 1352).

Sobre el papel de las agencias internacionales en el mundo de la enseñanza, sobre la imposición del inglés a expensas de las lenguas nacionales y sobre el mercado del conocimiento, véanse (también para la bibliografía) las agudas reflexiones de MARIA LUISA VILLA, *L'inglese non basta. Una lingua per la società*, Milán-Turín, Bruno-Mondadori, 2013, pp. 43-60. Contra la transformación de las escuelas y de la universidad en empresas y contra la conversión de los estudiantes en clientes que compran diplomas, *cf.* N. ORDINE, «La universidad-empresa y los estudiantes-clientes», en: *La utilidad de lo inútil, op. cit.*, pp. 77-111.

Las preguntas presentes en el test INVALSI, suministrado en mayo del 2018, han sido publicadas en varios periódicos italianos a raíz de la advertencia de varios docentes: *cf.* ALEX CORLAZZOLI, «Test invalsi, polemiche per la domanda agli alunni delle primarie: "Da grande avrai soldi e un buon lavoro?"», *Il Fatto Quotidiano*, 11 de mayo de 2018.

Para una crítica del uso de los móviles y de los dispositivos digitales en clase, y también para las referencias bibliográficas, *cf.* N. ORDINE, «Si no salvamos los clásicos en la escuela, los clásicos y la escuela no podrán salvarnos», en: *Clásicos para la vida. Una pequeña biblioteca ideal, op. cit.*, «Introducción» (sobre el uso de las tecnologías en particular, pp. 22-27).

II.

PLATÓN, *Las leyes, op. cit.*

XAVIER DE MAISTRE, *Viaje alrededor de mi habitación, op. cit.*

MICHEL DE MONTAIGNE, *Los ensayos, op. cit.*

LOS HOMBRES NO SON ISLAS

«SÁTIRAS»
LUDOVICO ARIOSTO
(1474-1533)

Uno asino fu già, ch'ogni osso e nervo
mostrava di magrezza, e entrò, pel rotto
del muro, ove di grano era uno acervo;
e tanto ne mangiò, che l'epa sotto
si fece più d'una gran botte grossa,
fin che fu sazio, e non però di botto.
Temendo poi che gli sien peste l'ossa
si sforza di tornar dove entrato era,
ma par che 'l buco più capir nol possa.
Mentre s'affanna, e uscire indarno spera,
gli disse un topolino: «Se vuoi quinci
uscir, tratti, compar, quella panciera:
a vomitar bisogna che cominci
ciò c'hai nel corpo, e che ritorni macro,
altrimenti quel buco mai non vinci».

•

Hubo una vez un asno, todo huesos
y nervios, tan delgado, que entró un día
por una grieta a un almacén de grano;
tanto llegó a comer, que la barriga
se le llenó como un tonel enorme
(aunque no fue de golpe) hasta saciarlo.
Temiendo que los huesos le molieran,

quiso salir de donde había entrado,
pero ya no cabía por el hueco.
Mientras pugnaba por huir en vano
le dijo un ratoncillo: «Compañero,
para salir has de vaciar la tripa:
ahora es necesario que vomites
lo que has tragado para enflaquecerte;
no hay otro modo de pasar la grieta».

RENUNCIAR A LOS PRIVILEGIOS
PARA CONSERVAR LA LIBERTAD

Con este elocuente apólogo—que reelabora el del zorro y
la comadreja, narrado por Horacio en una de sus *Epístolas*
(1, 7, 29-33)—, Ariosto cierra la primera de sus célebres *Sátiras* (compuestas en tercetos entre 1517 y 1525 y publicadas póstumas en 1534). Aquí el autor refiere a su hermano
Alessandro y a su amigo Ludovico da Bagno sus diferencias
con el cardenal Hipólito de Este, que le había pedido que
lo acompañara a Hungría en el otoño de 1517. Pero, como
odiaba los largos viajes, con las incomodidades y los peligros que comportaban, el escritor rehusó seguir a su mecenas, consciente de los riesgos que todo cortesano corría al
oponerse a las demandas de su señor:

> Necio del que a su amo contradice,
> aunque afirme que ha visto a pleno día
> mil estrellas y el sol a medianoche [vv. 10-12].

Ariosto, que quería ser apreciado por su trabajo como poeta, sabe muy bien que Hipólito valora mucho más los servicios rendidos en la vida diplomática y la disponibilidad para formar parte de su séquito:

> Si mis versos le rinden alabanzas,
> dice que lo hago por pasar el tiempo;
> más grato fuera estar siempre a su lado [vv. 106-108].

El trabajo del literato, sin embargo, no se compadece con los ritmos enloquecidos y con las dificultades de los continuos viajes. Y entre el estudio cultivado en la cotidianeidad doméstica y los lujos derivados de secundar los deseos de los poderosos, Ariosto no tiene dudas:

> antes quiero quietud que enriquecerme
> o dedicarme tanto a otros encargos,
> que el Lete acabe por hundir mi estudio [vv. 160-162].

Dedicarse al ejercicio de la poesía—rechazando los privilegios económicos y las demás ocupaciones que lo forzarían a ahogar en las aguas del río Lete su verdadera pasión—es ante todo una elección de libertad:

> Hace que sienta menos la pobreza;
> que no desee la riqueza tanto
> que mi libertad deje por buscarla [vv. 166-168].

Así, al ratificar la necesidad de liberarse de las cadenas de la corte y del dinero, Ariosto dedica los últimos versos a la conversación entre un asno y un ratón. El pobre cuadrúpedo flaco y hambriento pasa a través de una grieta en el muro para comer grano. Después, una vez la barriga llena, decide huir para evitar los bastonazos:

> Temiendo que los huesos le molieran,
> quiso salir de donde había entrado,
> pero ya no cabía por el hueco [vv. 253-255].

Ante la imposibilidad de volver a pasar por el hueco con el vientre lleno, un ratón le sugiere la única solución:

> ahora es necesario que vomites
> lo que has tragado para enflaquecerte;
> no hay otro modo de pasar la grieta [vv. 259-261].

El ejemplo, naturalmente, es válido también para todos aquellos que se relacionan con poderosos de toda suerte. Quien quiere conservar su libertad, debe saber renunciar a dones y privilegios:

> Digo, en fin, que si el sacro cardenal
> cree haberme comprado con sus dones,
> no me aflige tener que devolvérselos
> y recobrar mi libertad primera [vv. 262-265].

«LA METAFÍSICA»
ARISTÓTELES
(384/383-322 a. C.)

Ὅτι δ᾽οὐ ποιητική, δῆλον καὶ ἐκ τῶν πρώτων φιλοσοφη-
σάντων· διὰ γὰρ τὸ θαυμάζειν οἱ ἄνθρωποι καὶ νῦν καὶ τὸ
πρῶτον ἤρξαντο φιλοσοφεῖν, ἐξ ἀρχῆς μὲν τὰ πρόχειρα τῶν
ἀτόπων θαυμάσαντες, εἶτα κατὰ μικρὸν οὕτω προϊόντες καὶ
περὶ τῶν μειζόνων διαπορήσαντες, οἷον περί τε τῶν τῆς σε-
λήνης παθημάτων καὶ τῶν περὶ τὸν ἥλιον καὶ ἄστρα καὶ περὶ
τῆς τοῦ παντὸς γενέσεως. ὁ δ᾽ἀπορῶν καὶ θαυμάζων οἴεται
ἀγνοεῖν (διὸ καὶ ὁ φιλόμυθος φιλόσοφός πώς ἐστιν: ὁ γὰρ
μῦθος σύγκειται ἐκ θαυμασίων)· ὥστ᾽ εἴπερ διὰ τὸ φεύγειν
τὴν ἄγνοιαν ἐφιλοσόφησαν, φανερὸν ὅτι διὰ τὸ εἰδέναι τὸ
ἐπίστασθαι ἐδίωκον καὶ οὐ χρήσεώς τινος ἕνεκεν.

•

Que no es una ciencia productiva resulta evidente ya
desde los primeros que filosofaron: en efecto, los hombres—ahora y desde el principio—comenzaron a filo-
sofar al quedarse maravillados ante algo, maravillán-
dose en un primer momento ante lo que comúnmente
causa extrañeza y después, al progresar poco a poco,
sintiéndose perplejos también ante cosas de mayor importancia, por ejemplo, ante las peculiaridades de la
Luna, y las del Sol y los astros, y ante el origen del
Todo. Ahora bien, el que se siente perplejo y maravi-
llado reconoce que no sabe (de ahí que el amante del

mito sea, a su modo, «amante de la sabiduría»: y es que el mito se compone de maravillas). Así, pues, si filosofaron por huir de la ignorancia, es obvio que perseguían el saber por afán de conocimiento y no por utilidad alguna.

EL CONOCIMIENTO NO PUEDE ESTAR
SOMETIDO AL PROVECHO

Bajo el título de *Metafísica*—«impuesto» por el bibliotecario Andrónico de Rodas: Aristóteles, de hecho, no lo usa nunca—, nos han llegado catorce libros dedicados sobre todo a las «causas primeras y a los principios», a «lo que viene *después* de la física» (después de los tratados dedicados a la física) o a «lo que está *más allá* de la física» (esto es, más allá del mundo sensible). Ya en las primeras líneas del primer libro, el filósofo subraya que «todos los seres humanos desean por naturaleza saber» (1, 1, 980a). Y que, entre los sentidos, la vista es el preferido porque es el más contemplativo y, por lo tanto, no está necesariamente ligado a nada práctico: «Y es que no sólo en orden a la acción, sino cuando no vamos a actuar, preferimos la visión a todas—digámoslo así—las demás [sensaciones]» (980a). A diferencia de los animales, el «género humano vive también gracias al arte y los razonamientos» (980b). Y aquellos que poseen el arte son «más sabios [no] por su capacidad práctica, sino porque poseen la teoría y conocen las causas» (981b). Este interés por la sabiduría y por su valor independiente de cualquier fin utilitarista, incluye también una reflexión sobre la génesis de la búsqueda del saber a partir del asombro. Recordando la genealogía propuesta por Platón—«experimentar eso que llamamos el asombro es muy característico del filósofo. Éste y no otro, efectivamente, es el origen de la filosofía. El que dijo que Iris era hija de Taumante [el asombro] parece que no trazó erróneamente su genealogía» (*Teeteto*, 155d)—, Aristóteles vuelve a proponer, aunque con desarrollos interpretativos diferentes, el tema del asombro como el resorte que desencadena el deseo de conocer. Un conocimiento, sin embargo, que adquiere más valor cuando se busca «por amor al puro saber» y no «en vista de las cosas que derivan de él»: «El saber y el conocer sin otro fin que ellos mismos se dan en grado sumo en la ciencia de lo cognoscible en grado sumo (en efecto, quien escoge el saber por el saber escogerá, en grado sumo, la que es ciencia en grado sumo)» (982a-b). Basta con mirar a «los primeros que filosofaron» para que resulte evidente que la sabiduría «no es una ciencia productiva» y si «los [seres humanos] filosofaron por huir de la ignorancia, es obvio que perseguían el saber por afán de conocimiento y no por utilidad alguna» (982b). Es una respuesta indirecta a todos aquellos que hoy, obsesionados por la pregunta «¿para qué sirve?», someten brutalmente el saber al provecho. Aristóteles nos recuerda que el auténtico conocimiento «no sirve», porque no es servil, porque nos ayuda a hacernos mujeres y hombres libres.

«NUEVA ATLÁNTIDA»
FRANCIS BACON
(1561-1626)

So he left us; and when we offered him some pistolets, he, smiling, said, "He must not be twice paid for one labour": meaning (as I take it) that he had salary sufficient of the State for his service. For (as I after learned) they call an officer that taketh rewards, twice paid.

•

Con esto nos dejó y cuando le ofrecimos algunos escudos dijo riendo que «no había que pagarle dos veces por un solo trabajo», dando a entender (en mi opinión) que el Estado le daba un salario suficiente por sus servicios. Porque, como averigüé más tarde, a un funcionario que acepta gratificaciones le llaman *dos veces pagado.*

ADVERTENCIA CONTRA EL «HOMBRE DOS VECES PAGADO»

Entre los libros de carácter utópico, la *Nueva Atlántida* de Francis Bacon—publicada, póstuma, en inglés en 1627 y en latín en 1638—ocupa ciertamente un lugar singular. A diferencia de la *Utopía* (1516) de Tomás Moro y de la *Ciudad del Sol* de Tommaso Campanella (1623), en esta obra (por desgracia inacabada) las reflexiones sobre el desarrollo de la ciencia y de la técnica desempeñan un papel central. Como subraya William Rawley, secretario y amigo de Bacon, en la «Introducción al lector», esta «fábula fue compuesta por su admirable autor con el propósito de representar un modelo y la descripción de un colegio instituido para la interpretación de la naturaleza y la realización de grandes y admirables obras en beneficio del hombre, bajo el nombre de Casa de Salomón o bien Colegio de la obra de los seis días». Evocando el mito de la Atlántida, que narró por primera vez Platón en el *Timeo* y en el *Critias*, Bacon relata cómo una nave inglesa, zarpada del Perú rumbo a la China y al Japón, sufre de improviso los embates de una tempestad. Extraviados en medio del Océano Pacífico, los marineros, presa ya de la desesperación, avistan una isla desconocida. En Bensalem, donde los ha conducido el azar, los náufragos son recibidos por un embajador que los interroga acerca de sus orígenes y los invita a respetar las leyes. Antes de visitar la ciudad, un notario sube a bordo para tomar juramento a todos los extranjeros, «en nombre de Jesús y sus méritos» (p. 178). Los ingleses, intentando mostrarse amables, ofrecen al funcionario «algunos pistoletes» (escudos): en vista de su claro rechazo, se dan cuenta del rigor de las leyes morales que rigen en Bensalem. Aquí un empleado que ya percibe un salario del Estado («No había que pagarle dos veces por un solo trabajo») no acepta otros ingresos, porque *al hombre dos veces pagado* se le mira con suspicacia. Y al visitar la Casa de Salomón—cuyos principios, en parte, inspirarán en 1660 el nacimiento de la Royal Society en Londres—, averiguan que el fundador «tenía *un gran corazón*, de bondad inescrutable» y «estaba enteramente entregado a hacer feliz a su reino y a su pueblo» (p. 191). Deseosos de «conjugar humanidad y política», los habitantes de Nueva Atlántida acogen en la isla a los extranjeros que aceptan sus reglas de vida (p. 192). El comercio, por ejemplo, pasa a ser ante todo una ocasión para conocer más personas: «Pero veis por aquí que mantenemos un comercio, no por oro, plata y joyas; ni por sedas; ni por especias; ni por algún otro avío de material, sino por la primera criatura de Dios, que fue *Luz*» (p. 194). En esta sociedad ideal, el estudio de la naturaleza y la técnica, el *conocer* y el *hacer*, deben estar sobre todo al servicio de los hombres y de su bienestar: por eso los científicos reivindican su independencia con respecto a la política y a la religión, decidiendo qué descubrimientos han de divulgar y cuáles han de mantener secretos. Preocupaciones morales a las cuales el filósofo Bacon—poderoso hombre político que acabará él mismo en la cárcel por corrupción—dedicará páginas de gran interés.

«EL JARDÍN DE SENDEROS
QUE SE BIFURCAN»

JORGE LUIS BORGES

(1899-1986)

En esa perplejidad, me remitieron de Oxford el manuscrito que usted ha examinado. Me detuve, como es natural, en la frase: *Dejo a los varios porvenires (no a todos) mi jardín de senderos que se bifurcan*. Casi en el acto comprendí; *el jardín de senderos que se bifurcan* era la novela caótica; la frase *varios porvenires (no a todos)* me sugirió la imagen de la bifurcación en el tiempo, no en el espacio. La relectura general de la obra confirmó esa teoría. En todas las ficciones, cada vez que un hombre se enfrenta con diversas alternativas, opta por una y elimina las otras; en la del casi inextricable Ts'ui Pên, opta—simultáneamente—por todas. *Crea*, así, diversos porvenires, diversos tiempos, que también proliferan y se bifurcan.

LA NATURALEZA PLURAL DEL TIEMPO
ENTRE CIENCIA Y LITERATURA

Entre los libros que atesoran la capacidad de inspirar otros libros infinitos, la extraordinaria colección de ensayos-relatos publicados por Borges en *Ficciones* (1944) ocupa un lugar primordial. Cada uno de esos textos propone, en su densísima brevedad, un docto entrelazamiento de saberes que, a través de una imagen fulmínea, un aforismo, una paradoja, construyen, de manera asistemática, una determinada representación del universo y de los grandes temas ligados a las innumerables posibilidades de describirlo (el tiempo, el infinito, la circularidad, el libro, el laberinto, la bifurcación, el vértigo, etcétera). *El jardín de senderos que se bifurcan*—que da título a la sección entera de *Ficciones* que ya había aparecido autónomamente en 1941—no sólo es, como el mismo Borges señala en la introducción, un texto «policial»: es sobre todo una aguda reflexión sobre la naturaleza plural del tiempo. En el marco de una historia de espionaje situada en 1916, Yu Tsun—informador al servicio de los alemanes, y «bisnieto de aquel Ts'ui Pên que fue gobernador de Yunnan y que renunció al poder temporal para escribir una novela [...] y para edificar un laberinto en el que se perdieran todos los hombres»—acude al sinólogo Stephen Albert para escapar del capitán Richard Madden. Y en este punto, inesperadamente, el estudioso inglés revela al bisnieto el secreto oculto en la obra de su antepasado Ts'ui Pên:

Me detuve, como es natural, en la frase: *Dejo a los varios porvenires (no a todos) mi jardín de senderos que se bifurcan.* Casi en el acto comprendí; *el jardín de los senderos que se bifurcan* era la novela caótica; la frase *varios porvenires (no a todos)* me sugirió la imagen de la bifurcación en el tiempo, no en el espacio.

En la novela, en definitiva, en vez de elegir una de las posibles alternativas, el autor «opta—simultáneamente—por todas» (p. 154). Todas las opciones están presentes. Y aunque la palabra *tiempo* no aparece nunca, el texto constituye «una enorme adivinanza, o parábola, cuyo tema es el tiempo» (p. 155). El ilustre antepasado, en efecto, «no creía en un tiempo uniforme, absoluto», sino «en infinitas series de tiempos, en una red creciente y vertiginosa de tiempos divergentes, convergentes y paralelos». Precisamente «esa trama de tiempos que se aproximan, se bifurcan, se cortan o que secularmente se ignoran, abarca *todas* la posibilidades. No existimos en la mayoría de esos tiempos; en algunos existe usted y no yo; en otros, yo, no usted; en otros, los dos» (pp. 155-156). Así, Albert entiende que las dos obras consideradas distintas (el libro y el laberinto) formaban, de hecho, «un solo objeto»: «La confusión de la novela me sugirió que ése era el laberinto» (p. 152). Un elocuente ejemplo de cómo la creatividad y la imaginación humana pueden producir fecundos avances en la literatura y en la ciencia. Pensemos en los extraordinarios ecos que estas páginas de Borges encuentran en las teorías de dos ilustres premios Nobel: Richard Feynman (el universo como fruto de múltiples historias) e Ilya Prigogine (el modelo de la bifurcación y las infinitas posibles respuestas).

«LA ÓPERA DE CUATRO CUARTOS»
BERTOLT BRECHT
(1898-1956)

Meine Damen und Herren. Sie sehen den untergehenden Vertreter eines untergehenden Standes. Wir kleinen bürgerlichen Handwerker, die wir mit dem biederen Brecheisen an den Nickelkassen der kleinen Ladenbesitzer arbeiten, werden von den Großunternehmern verschlungen, hinter denen die Banken stehen. Was ist ein Dietrich gegen eine Aktie? Was ist ein Einbruch in eine Bank gegen die Gründung einer Bank?

•

Señoras y señores. Ante ustedes tienen a un representante que se hunde de una clase que también se hunde. Nosotros, los pequeños artesanos burgueses que, con la honrada palanqueta, trabajamos las niqueladas cajas de los pequeños comerciantes, somos devorados por los grandes empresarios, detrás de los cuales están los bancos. ¿Qué es una ganzúa comparada con un título cambiario? ¿Qué es un palanquetazo a un banco comparado con la fundación de un banco?

La ópera de cuatro cuartos, escrita en 1928, y representada en Berlín en octubre de aquel mismo año, es una extraordinaria (y actualísima) puesta en escena de una sociedad dominada por el hurto y por el dinero (el dinero, aunque sea con un propósito irónico, campea también en el título). Inspirada en la *Ópera del mendigo* (1728) del poeta inglés John Gay, Brecht ambienta su representación (musicada en estilo jazzístico por Kurt Weill) en el Londres de 1900. Aquí, en una densa trama de relaciones fundadas en el beneficio personal, se despliega la vida de asesinos, ladrones, prostitutas, policías corruptos, empresarios de la mendicidad. El papel central lo desempeñan, en particular, dos personajes burgueses: el bandido Macheath (llamado Mackie Messer, «Mackie Navaja») y el explotador de mendigos Peachum. El primero dirige la más peligrosa banda de la ciudad: viste como un gran señor («guantes blancos y un bastón de puño de marfil y botines y zapatos de charol y aires de dominador», I, 1, p. 22), es amigo del jefe de la policía, Brown el Tigre, y hace negocios con él («Rara vez yo, simple salteador de caminos [...] he dado un pequeño golpe sin transferirle a él, mi amigo, parte del producto, una parte considerable», II, 3, p. 43) y, en el cómico papel de Don Juan, frecuenta habitualmente el burdel de su Jenny de los Tugurios («Ya sabía que estaría con sus putas», afirma la señora Peachum cuando lo hace arrestar [II, 5, p. 74]). El señor Peachum, en cambio, gestiona un rentable negocio llamado El Amigo del Mendigo: su «honesto» trabajo («Yo no soy un delincuente. Soy un pobre diablo», III, 7, p. 96) consiste en provocar «la compasión humana», en eliminar cualquier forma de competencia («Todo el que quiere ejercer [...] el oficio de mendigo necesita una licencia de Jonathan Jeremiah, Peachum & Co.», i, i, p. 18) y en instruir a los mendigos para gorronear dinero al prójimo («Yo transformo a cualquier hombre en cinco minutos en una piltrafa tan lastimosa que hasta un perro se echaría a llorar si lo viera», i, 3, p. 50). Los dos «antihéroes» se inspiran en la Biblia: Macheath saca provecho de las Sagradas Escrituras («Ese truco lo aprendí en la Biblia», ii, 6, p. 75), mientras que Peachum usa máximas como «Dar es más feliz que recibir» o «Dad y se os dará», consciente de que «hay que ofrecer siempre algo nuevo» y de que «hay que recurrir otra vez a la Biblia» (i, i, p. 16). Los personajes de la *pièce* valoran sus lazos sólo a la luz del propio interés: Peachum considera a su hija como un recurso económico («Si pierdo a mi hija, que es el último recurso de mi vejez, se derrumbará mi hogar», i, 3, p. 49), Jenny vende por dinero a Macheath, y Macheath está dispuesto a denunciar a sus socios a la policía. En este universo tragicómico en el cual «el dinero mueve montañas» (i, 3, p. 52)—y en el cual Mackie se libra de la horca por orden de la reina y recibe incluso un título nobiliario—la provocación de Brecht parece más actual que nunca: pensemos en los nuevos Peachum (empresarios de la solidaridad que explotan el drama de los inmigrantes) o en los financieros sin castigo que roban los ahorros de los honestos trabajadores, haciendo quebrar a los bancos a causa de sus siniestros negocios.

«EXPULSIÓN DE LA BESTIA TRIUNFANTE»
GIORDANO BRUNO
(1548-1600)

Da questo vuole [Júpiter] che il giudizio inferisca che li dèi massime vogliano essere amati e temuti, per fine di faurire al consorzio umano et avertire massimamente que' vizii che apportano noia a quello [...] E vuole che de gli errori in comparazione massimi sieno quelli che sono in pregiudicio della republica [...] Non permetta che si addrizzeno statue a poltroni nemici del stato de le republiche, e che in pregiudicio di costumi e vita umana ne porgono parole e sogni, ma a color che fanno tempii a Dei, aumentano il culto et il zelo di tale legge e religione per quale vegna accesa la magnanimità et ardore di quella gloria che séguita dal servizio della sua patria et utilità del geno umano: onde appaiono instituite universitadi per le discipline di costumi, lettere et armi.

•

Quiere Júpiter que el juicio infiera de aquí que los dioses quieren ser amados y temidos sobre todo con el fin de favorecer la sociedad humana y alejar sobre todo aquellos vicios que la perjudican [...] Y quiere que entre los errores sean en comparación máximos los que perjudican a la república [...] Que no permita que se eleven estatuas a holgazanes, enemigos del bienestar social y que en perjuicio de las costumbres y de la vida humana suscitan palabras y sueños, sino a aquellos que construyen templos a los dioses, aumentan el culto y el celo de esa ley y religión que enciende la grandeza de ánimo y el deseo ardiente de gloria que sigue al servicio de la patria y a la utilidad del género humano, de donde resultan instituidas universidades para el cultivo de las costumbres, de las letras y de las armas.

LA RELIGIÓN SIRVE PARA UNIR AL HOMBRE CON EL HOMBRE

En la reforma celeste que Júpiter lleva a cabo en la *Expulsión de la bestia triunfante* (1584), Bruno libera la religión de la locura destructiva de los fanáticos teólogos (católicos y protestantes) que, en nombre de una interpretación rigurosa del Evangelio, habían arrastrado a Europa hasta una dramática guerra civil. Los dioses hacen hincapié en que la ley y los cultos religiosos no han sido creados para favorecer a la divinidad misma, sino a los hombres: «los dioses buscan la reverencia, el temor, el amor, el culto y respeto de los hombres» sólo por la utilidad de los hombres, pues «al ser ellos gloriosísimos en sí mismos» han hecho «las leyes no tanto para recibir gloria como para comunicar la gloria a los hombres» (II, p. 191). Los dioses, en definitiva, no «amenazan con un castigo o prometen un premio por el mal o el bien que resulte en ellos», sino «por el que viene a cometerse en los pueblos y en las convivencias civiles» (II, p. 191). Dicho de otra manera: los dioses no se irritan por una blasfemia o por la falta de confesión, sino que se encolerizan contra aquellos que—con acciones, palabras y gestos—dañan la sociedad humana, turban la paz, ponen en peligro las instituciones civiles. La función principal de la religión es propiamente la de unir a los hombres, para favorecer «acciones morales de los hombres con respecto a los otros hombres» (11, p. 192). Acudir a misa y frecuentar los servicios religiosos no basta: tiene mucha más importancia actuar para ayudar a los más débiles, para fomentar el diálogo civil, para defender el Estado de los corruptos que lo saquean. Los dioses de Bruno excomulgarán a un alcalde que roba y no a unos cónyuges divorciados, a un político cómplice de la mafia y no a las parejas que conviven sin matrimonio, a un poderoso prelado que se enriquece aprovechándose de su función y no a personas del mismo sexo que se aman, a un emprendedor que roba a su empresa para alimentar cuentas ocultas en paraísos fiscales y no a quien decide morir cuando la vida ya no es vida.

«LOS LUSIADAS»
LUÍS VAZ DE CAMÕES
(1525?-1580)

E vê do mundo todo os principais,
Que nenhum no bem púbrico imagina;
Vê neles que não têm amor a mais
Que a si sòmente, e a quem Filáucia ensina;
Vê que esses que frequentam os reais
Paços, por verdadeira e sã doutrina
Vendem adulação, que mal consente
Mondar-se o novo trigo florecente.

•

Y en los mayores de la tierra veía
que ninguno el bien público imagina;
ve que cualquiera sólo a sí tenía
amor y a quien filaucía determina;
ve que esos que frecuentan cada día
los Palacios por santa alta doctrina
venden adulación, que mal consiente
mondarse el nuevo trigo floreciente.

Texto fundador del mito nacional portugués, *Los Lusiadas*
narran el azaroso viaje de Vasco da Gama a la India a través del Cabo de Buena Esperanza (1497-1499) y recons-
truyen paralelamente las heroicas empresas de Luso («Este
que ves es Luso, cuya fama | a nuestro reino Lusitania lla-
ma», VIII, 2) y del pueblo lusitano. Publicado en Lisboa
en 1572, este poema épico (en el cual resuenan ecos de la
Odisea, de la *Eneida* y del *Orlando furioso*) valió a Camões
ser reconocido como el Virgilio portugués. Aquí la historia
(conflictos con moros y castellanos, conquistas de nuevos
territorios), la geografía (navegaciones y tempestades, lugares, animales y plantas), los mitos paganos (consejos de
los dioses, hostilidad de Baco y apoyo de Venus) y las ficciones poéticas (Isla de los Amores) se combinan diestramen-
te para cantar, al ritmo de luminosas octavas ariostescas, el
amor de los distintos personajes a su patria. Pero, en esta
fantástica epopeya, no faltan amargas reflexiones sobre las
contradicciones y los claroscuros de la sociedad de la época. Los nuevos argonautas, en efecto, sacrifican los nobles
ideales de su viaje a la avidez del comercio y del beneficio:

> Y si quieres con pactos y alianza
> de paz y de amistad sacra y desnuda
> consentir que la gente en confianza
> de tu reino y del suyo al trato acuda,
> por que la hacienda crezca en abastanza,
> por quien la gente más trabaja y suda,
> de entrambas partes, será ciertamente
> a ti provecho, a él gloria excelente [VII, 62].

De la misma manera que ni los seres humanos, ni los reinos resisten a la corrupción del oro:

> Éste [el oro] rinde las grandes fortalezas,
> y hace traidores, falsos, los amigos;
> a los más nobles fuerza a hacer vilezas
> y entrega capitanes a enemigos;
> corrompe virginales mil purezas
> sin temer de deshonra los testigos;
> éste deprava a veces a las ciencias
> los juicios cegando y las consciencias [VIII, 98].

Y ni siquiera los religiosos resisten la corrupción:

> Hasta aquellos que a Dios omnipotente
> se dedican, mil veces tanto aplace
> que los corrompe este ladrón del todo,
> no sin color ya de virtud con codo [VIII, 99].

Cuando la avidez de la ganancia, después, golpea también a los gobernantes, se destruye el «bien público» («Y en los mayores de la tierra vía | que ninguno el bien público imagina», IX, 27) y aumentan los hurtos, la tiranía y las desigualdades sociales:

> Ve que aquellos que deben a pobreza
> amor y al pueblo caridad, que el mando
> aman tan solamente y la riqueza,
> entereza y justicia simulando;
> de fea tiranía y de aspereza
> los injustos derechos ordenando;
> leyes en bien del rey se establecen,
> y las del bien del pueblo, allí perecen [IX, 28].

Camões sabe bien que, pese a la ingratitud de los señores («¡Y mas que aun, ninfas mías, no bastaba que tan grandes miserias me cercasen, | sino que aquellos que cantando andaba | tal premio de mis versos me tornasen!», VII, 81), los poetas tienen necesidad de los poderosos. Pero sabe también que la verdadera poesía no puede estar al servicio de la filaucía (la personificación del egoísmo):

Ni creáis, ninfas, no, que fama diese
a quien al bien común y al rey sincero
antepusiese su propio interese,
que es contra humano y más divino fuero [VII, 84].

«NO ES REY QUIEN POSEE UN REINO, SINO QUIEN SABE REINAR»
TOMMASO CAMPANELLA
(1568-1639)

Chi pennelli have e colori, ed a caso
pinge, imbrattando le mura e le carte,
pittor non è; ma chi possede l'arte,
benché non abbia inchiostri, penne e vaso.

Né frate fan cocolle e capo raso.
Re non è dunque chi ha gran regno e parte,
ma chi tutto è Giesù, Pallade e Marte,
benché sia schiavo o figlio di bastaso.

Non nasce l'uom con la corona in testa,
come il re delle bestie, che han bisogno,
per lo conoscer, di tal sopravvesta.

Repubblica onde all'uom doversi espogno,
o re, che pria d'ogni virtù si vesta,
provata al sole, e non a piume e 'n sogno.

•

Quien pinceles tiene y colores, y al azar
pinta, emborronando muros y papeles,
no es pintor; lo es quien domina el arte,
aunque no tenga tintas, plumas ni vaso.

Tampoco la cogulla ni la cabeza rasa hacen al fraile.
Así pues, no es rey el que tiene gran reino y parte,
sino quien es todo Jesús, Palas y Marte,
aunque sea esclavo o hijo de ganapán.

No nace el hombre con la corona en la cabeza,
como el rey de las bestias, que tiene necesidad,
para que lo reconozcan, de tal ornamento.

Por eso afirmo que al hombre le conviene república
o rey que esté adornado con toda virtud
y probado por el sol, no por plumas en sueños.

NO ES LA CORONA LA QUE HACE AL REY

Los versos de Tommaso Campanella—vivo testimonio del profundo vínculo que une literatura y filosofía, vida y conocimiento—fueron concebidos para sacudir la mente de los lectores, para socavar falsas ilusiones y lugares comunes. En este soneto titulado «No es rey quien posee un reino, sino quien sabe reinar» (la decimoséptima de las 89 composiciones aparecidas en la *Selección de algunas poesías filosóficas de Settimontano Squilla*, una autoantología publicada en 1622, sin indicación de lugar ni de editor, por obra del erudito sajón Tobias Adami), el fraile calabrés muestra cómo a menudo las imágenes exteriores son sólo apariencias, incapaces de reflejar lo verdaderamente esencial. No basta con tener pinceles y colores para llamarse pintor («Quien pinceles tiene y colores, y al azar | pinta, emborronando muros y papeles, | no es pintor [...]»), como tampoco basta con llevar un hábito monástico y tonsura para ser fraile

(«Tampoco la cogulla y la cabeza rasa hacen al fraile»). Podemos llamarnos pintores, monjes o reyes sólo si sabemos mostrar nuestras cualidades pintando, siguiendo la virtud divina y reinando como se debe. Para Campanella, que insiste aquí en un tema también discutido en otras obras, no cuentan los hábitos, los privilegios de sangre o la herencia: sólo nuestra obra debería permitirnos conquistar prestigio y estima. Y no importa que seamos esclavos o hijos de peón («aunque sea esclavo o hijo de ganapán»), porque ningún prejuicio social o económico puede anular nuestras dotes personales y nuestro saber. La misma naturaleza lo confirma. A diferencia de lo que sucede entre algunos animales, el hombre no nace con la corona en la cabeza:

No nace el hombre con la corona en la cabeza,
como el rey de las bestias, que tiene necesidad,
para que lo reconozcan de tal ornamento.

Estamos obligados a demostrar nuestra valía a plena luz. Por eso, en el plano político, nos resulta más connatural un régimen republicano o una monarquía electiva. En la «vida en república», quienes holgazanean y sueñan difícilmente podrán demostrar que poseen las virtudes necesarias para gobernar («Por eso, afirmo que al hombre le conviene república | o rey que esté adornado con toda virtud | y probado por el sol, no por plumas en sueños»). Pero Campanella también sabe muy bien que en el teatro del mundo los hombres viven «enmascarados» (soneto 14) y que en la «comedia universal» a menudo los papeles principales son representados precisamente por aquellos que no tienen ningún mérito:

Hace reyes, sacerdotes, esclavos, héroes,
de vulgar opinión enmascarados,
con poco juicio, como vemos después

que los impíos muchas veces han sido canonizados,
los santos asesinados, y los peores entre nosotros
príncipes fingidos contra los verdaderos armados [soneto 15].

Para derrotar a los «príncipes falsos» que hacen la guerra
a los príncipes «verdaderos», para combatir los «grandes
males» del mundo («Yo nací para eliminar tres males ex-
tremos: | la tiranía, los sofismas, la hipocresía»), nuestro
filósofo sabe que el primer enemigo a derrotar es la ignorancia triunfante («Por eso yo vengo a eliminar la ignorancia», soneto 8).

«CARTA A LOUIS GERMAIN»
ALBERT CAMUS
(1913-1960)

Cher Monsieur Germain,

J'ai laissé s'éteindre un peu le bruit qui m'a entouré tous ces jours-ci avant de venir vous parler de tout mon cœur. On vient de me faire un bien trop grand honneur, que je n'ai ni recherché ni sollicité. Mais quand j'ai appris la nouvelle, ma première pensée, après ma mère, a été pour vous. Sans vous, sans cette main affectueuse que vous avez tendue au petit enfant pauvre que j'étais, sans votre enseignement, et votre exemple, rien de tout cela ne serait arrivé.

Je ne me fais pas un monde de cette sorte d'honneur. Mais celui-là est du moins une occasion pour vous dire ce que vous avez été, et êtes toujours pour moi, et pour vous assurer que vos efforts, votre travail et le cœur généreux que vous y mettiez sont toujours vivants chez un de vos petits écoliers qui, malgré l'âge, n'a pas cessé d'être votre reconnaissant élève. Je vous embrasse de toutes mes forces.

•

Querido señor Germain:

He esperado a que se apagara un poco el ruido que me ha rodeado todos estos días antes de hablarle de todo corazón. He recibido un honor demasiado grande, que no he buscado ni pedido. Pero cuando supe la noticia, pensé primero en mi madre y después en usted. Sin usted, sin la mano afectuosa que tendió al niño pobre que era yo, sin su enseñanza y su ejemplo, no hubiese sucedido nada de todo esto.

No es que dé demasiada importancia a un honor de este tipo. Pero me ofrece por lo menos la oportunidad de decirle lo que usted ha sido y sigue siendo para mí, y de corroborarle que sus esfuerzos, su trabajo y el corazón generoso que usted puso en ello continúan siempre vivos en uno de sus pequeños escolares, que, pese a los años, no ha dejado de ser su alumno agradecido. Lo abrazo con todas mis fuerzas.

CUANDO UN MAESTRO TE CAMBIA LA VIDA

El 19 de noviembre de 1957, pocas semanas después de haber recibido la noticia de la concesión del Premio Nobel de literatura, Camus toma la pluma para dar las gracias a su maestro Louis Germain. Se trata de un extraordinario testimonio de cómo un magnífico y apasionado docente había podido cambiar la vida de un estudiante nacido en una familia pobre de Argelia, sin padre (muerto en la guerra) y criado con los sacrificios de la madre (casi sorda y analfabeta) y de la abuela. En contra de la opinión de los familiares, que empujaban a Albert a encontrar enseguida un trabajo para ganarse la vida, Germain lo prepara gratuitamente para el concurso de una beca de estudios en el liceo Bugeaud. Camus tenía apenas once años. Treinta y tres años más tarde, al recibir el reconocimiento más prestigioso que se destina a un literato, Albert expresa su gratitud al educador que le había ofrecido la oportunidad de ser cuanto había llegado a ser:

He esperado a que se apagara un poco el ruido que me ha rodeado todos estos días antes de hablarle de todo corazón. He recibido un honor demasiado grande, que no he buscado ni pedido. Pero cuando supe la noticia, pensé primero en mi madre y después en usted. Sin usted, sin la mano afectuosa que tendió al niño pobre que era yo, sin su enseñanza y su ejemplo, no hubiese sucedido nada de todo esto.

El premio se convierte sobre todo en una oportunidad para recordar el encuentro entre alumno y maestro:

No es que dé demasiada importancia a un honor de este tipo. Pero me ofrece por lo menos la oportunidad de decirle lo que usted ha sido y sigue siendo para mí, y de corroborarle que sus esfuerzos, su trabajo y el corazón generoso que usted puso en ello continúan siempre vivos en uno de sus pequeños escolares, que, pese a los años, no ha dejado de ser su alumno agradecido. Lo abrazo con todas mis fuerzas.

Muy poco después, el 19 de diciembre, Camus dedica al mismo Germain el discurso que pronuncia en la ceremonia de Estocolmo, en el cual dice con toda claridad que la misión principal de un escritor debe ser la de hablar por aquellos que, sufriendo en silencio, no pueden hacerlo. Emocionado, el docente reconstruye, a su vez, la antigua relación con su «querido hombrecito» en una carta datada el 30 de abril de 1959: darse cuenta del talento de un alumno («A menudo el niño contiene en germen el hombre que llegará a ser»), ayudarlo a buscar libremente la verdad («En toda mi carrera, creo haber respetado lo que hay de más sagrado en el niño: el derecho a buscar su propia verdad»), defender la escuela laica («Un centenar de clases de la escuela laica trabajan ya con el crucifijo colgado en la pared. Yo lo considero un atentado abominable contra la conciencia de los niños») son algunos de los cometidos fundamentales de quien enseña. No en vano este intercambio epistolar—ejemplo de lo que debe ser auténticamente la buena escuela—figura en apéndice en *El primer hombre*, novela en la cual Camus estaba trabajando cuando de improviso fue arrebatado por la muerte. En estas páginas autobiográficas (que han inspirado la película homónima de Gianni Amelio, estrenada en 2011) el autor recorre los años de su infancia en Argelia, a la búsqueda del «primer hombre» y de aquellos, entre ellos Germain, que habían contribuido a formarlo.

«CONTRA EL LIBELO DE CALVINO»
SEBASTIÁN CASTELLION
(1515-1563)

Fidem suam asserere non est hominem cremare, sed potius cremari [...] *Hominem occidere non est doctrinam tueri sed hominem occidere. Cum genevenses Servetum occiderunt, non doctrinam defenderunt, sed hominem occiderunt.*

•

Afirmar la propia fe no es quemar a un hombre, sino más bien quemarse en ella [...] Matar a un hombre no es defender una doctrina, es sólo matar a un hombre. Cuando los ginebrinos mataron a Servet no defendieron una doctrina: mataron a un hombre.

UNA DOCTRINA NO SE DEFIENDE
MATANDO A UN HOMBRE

Recordado por Montaigne como ejemplo de hombre eminente al que se dejó morir en la pobreza, Sebastián Castellion escribió páginas memorables contra el fanatismo religioso, en defensa de la dignidad humana y de la libertad de pensamiento. En el panfleto *Contra libellum Calvini* (*Contra el libelo de Calvino*)—publicado de manera póstuma en 1612 y circunscrito durante largos siglos a un restringido círculo de lectores especialistas—el humanista protestante condena la hoguera en la que el antitrinitario Miguel Servet fue quemado en Ginebra en 1553. Con apasionados argumentos replica, punto por punto, a una obra de Juan Calvino en la que el prestigioso exponente de la Reforma justifica la condena a muerte del filósofo español, respondiendo, a su vez, a otra obra que el mismo Castellion había compuesto con el pseudónimo de Martinus Bellius (*Tratado de los herejes*, 1554). Castellion, que se había distinguido como un protestante disidente, no se dirige al gran Calvino con el objetivo de defender el pensamiento de Servet, sino con el propósito general de combatir cualquier forma de dogmatismo y de coerción. Ninguna clase de debate, en particular teológico, puede resolverse mediante la pena capital: «Si Servet hubiera querido matar a Calvino, el magistrado habría hecho bien en asumir la defensa de Calvino. Pero Servet ha combatido con argumentos y escritos: había que combatirlo con argumentos y escritos». Además, obligar a alguien a abrazar una religión, a la fuerza o amenazándole con quitarle la vida, es un acto que desnaturaliza la esencia de la religión: «Que vengan libremente, el castigo no hará otra cosa que disuadirlos». Matar en nombre de Dios es simple brutalidad (¡pensemos en las recientes tragedias de París y Barcelona y en los fanatismos que amenazan nuestro tiempo!). Pero el texto de Castellion trasciende con mucho las cuestiones religiosas. Es un elogio del valor de la vida humana, de la duda y del diálogo. En 1936, en efecto, Stefan Zweig—en su libro *Castellio contra Calvino* [trad. Berta Vias Mahou, Barcelona, Acantilado, 2001]—mostrará de nuevo el choque entre los dos reformados, para aludir también a la catástrofe nazi.

«EL JARDÍN DE LOS CEREZOS»
ANTÓN CHÉJOV
(1860-1904)

Вам уже известно, вишневый сад ваш продается за долги, на двадцать второе августа назначены торги, но вы не беспокойтесь, моя дорогая, спите себе спокойно, выход есть... Вот мой проект. Прошу внимания! Ваше имение находится только в двадцати верстах от города, возле прошла железная дорога, и если вишневый сад и землю по реке разбить на дачные участки и отдавать потом в аренду под дачи, то вы будете иметь самое малое двадцать пять тысяч в год дохода.

•

Usted ya sabe que su jardín de los cerezos se vende en subasta para pagar deudas y que la subasta pública está fijada para el veintidós de agosto. Pero no se preocupe, querida mía, duerma usted tranquila, hay una solución... Le voy a explicar mi proyecto. ¡Le ruego que me escuche atenta! Su finca se encuentra tan sólo a veinticinco verstas de la ciudad, el ferrocarril pasa cerca; si usted divide en parcelas el jardín de cerezos y la tierra a lo largo del río para construir casitas de veraneo y luego las da en arriendo, obtendrá por lo menos veinticinco mil rublos de rédito al año.

Es este jardín lo que mantiene la coherencia de los cuatro
actos de la última obra del escritor ruso Antón Chéjov. En
El jardín de los cerezos (1904), en efecto, es difícil identificar
un personaje principal: el centro de la escena parece estar
ocupado, en todo momento, por los diferentes protagonistas. En torno a la experiencia de los cerezos—símbolo de
un mundo ya perdido—se entrelazan historias individuales
que, al mismo tiempo, reflejan dramas existenciales y conflictos sociales. El autor representa arrepentimientos, miedos, nostalgias, esperanzas de la Rusia de aquellos años.
La *pièce* se abre con el retorno de Liubov a su finca (que,
a causa de una hipoteca, ha de ser subastada) y se cierra
con el sonido lejano de un hacha golpeando contra un árbol. En el encuentro con Lopajin—que propone dividir el
jardín y el terreno a lo largo del río «en parcelas [...] para
construir casitas de veraneo y luego [darlas] en arriendo»
y obtener, así, «por lo menos veinticinco mil rublos de rédito al año» (I, p. 79)—, se pone de manifiesto una visión
contraria del mundo: la aristocrática (fundada en los deberes y en el desprecio por el dinero) y la del mercader ignorante («Mi padre era un *mujik* idiota, no comprendía nada,
no me dio instrucción [...] En el fondo, yo soy tan estúpido e idiota como él. No he aprendido nada», II, p. 95) que
solamente cree en el poder del dinero («¡Puedo pagarlo
todo!», III, p. 115). Si para Liubov los cerezos representan
su vida entera («Yo amo esta casa, sin el jardín de los cerezos no concibo mi existencia y si tan necesario es venderlo,
vendedme a mí con él», III, p. 108) y ve su venta como una
enorme vulgaridad («Casas de veraneo y veraneantes, perdone, pero todo esto ¡es tan vulgar!», II, p. 93), para Lopa-

jin la adquisición en subasta del jardín de los cerezos hace las veces de una redención social («He comprado la finca en la que mi abuelo y mi padre fueron esclavos») y como una segura inversión («¡Venid todos a ver cómo [...] entrará con el hacha en el jardín de los cerezos! [...] Construiremos casas de veraneo y nuestros nietos y biznietos verán aquí una nueva vida», III, p. 115). Pero también los demás personajes, siempre tensados entre pasado y futuro, contribuyen a la riqueza de la representación: el mísero y eterno estudiante Trofímov («Tan pronto llega el invierno, me quedo hambriento, enfermo, intranquilo», II, p. 101), en constante búsqueda de la verdad, espera un radiante porvenir («¡Nosotros avanzamos, sin que nada pueda detenernos, hacia la rutilante estrella que brilla en la lejanía!», II, p. 100); el fiel siervo Firs, que ha renunciado a la libertad para no abandonar a sus amos, denuncia el caos social («Los *mujiks* estaban con los señores; los señores, con los *mujiks*. Ahora, cada uno va por su lado, no comprendo nada», II, p. 96); Ania, la joven hija de Liubov, imagina nuevas perspectivas llena de confianza («¿Verdad, mamá? [...] Leeremos muchos libros, ante nosotros se abrirá un mundo nuevo, un mundo de maravillas», IV, p. 122). Chéjov parece sugerirnos que en el teatro, como en la vida, no existe lo absoluto: el mismo personaje puede ser negativo o positivo, tal y como la misma escena puede ser considerada tragedia o comedia. Todo depende del punto de vista desde el que se observa.

«FUGA DE LA MUERTE»
PAUL CELAN
(1920-1970)

Schwarze Milch der Frühe wir trinken dich nachts
wir trinken dich mittags und morgens wir trinken
  dich abends
wir trinken und trinken
ein Mann wohnt im Haus dein goldenes Haar
  Margarete
dein aschenes Haar Sulamith er spielt mit den
  Schlangen

Er ruft spielt süßer den Tod der Tod ist ein Meister aus
  Deutschland
er ruft streicht dunkler die Geigen dann steigt ihr als
  Rauch in die Luft
dann habt ihr ein Grab in den Wolken da liegt man
  nicht eng

•

Leche negra del alba te bebemos de noche
te bebemos al mediodía y a la mañana te bebemos al
  atardecer
bebemos y bebemos
un hombre vive en la casa tu cabello de oro
  Margarita tu cabello de ceniza Sulamita él juega
  con serpientes

Grita tocad más dulcemente a la muerte la muerte es
    un amo de Alemania
grita tocad más sombríamente los violines luego
    subiréis como humo en el aire
luego tendréis una fosa en las nubes allí no hay
    estrechez

UNA FOSA EN LAS NUBES Y LA LECHE
QUE SE TRANSFORMA EN VENENO

«Todesfuge» («Fuga de la muerte»), uno de los poemas más
célebres de Celan, reviste una importancia particular también por su singular destino. Repudiado por su autor (por
ser demasiado «musical» y, probablemente, por el «éxito»
obtenido), es, sin embargo, apreciado por Primo Levi (que,
pese a haber criticado la poética celaniana fundada en el
«mensaje cifrado», acaba por incluir esta composición en
una «antología» de textos que estima). El poema, escrito
en 1945 en Bucarest y publicado por primera vez no en alemán sino en traducción rumana en 1947, es un testimonio
dramático del brutal exterminio de millones de judíos. El
poeta, escapado de la muerte en los campos de exterminio,
abre sus versos con un oxímoron («Leche negra del alba te
bebemos de noche»): cuando la inhumanidad más atroz se
impone, incluso la leche blanca (bebida de la vida) se transforma en el negro veneno de la muerte que las víctimas
inocentes se ven forzadas a «beber» en cualquier momento del día. Las cuatro estrofas privadas de puntuación, que
empiezan siempre con la misma imagen («Leche negra del
alba»), evocan la arquitectura de la fuga musical (pensemos
en Bach) en la que un tema idéntico se repite con una serie
de variaciones para desembocar en un *stretto* final (el dísti-

co en clausura: «tu cabello de oro Margarita tu cabello de ceniza Sulamita»). Todo depende de un hombre («su ojo es azul») que vive en la casa, que «juega con serpientes» (alusión a un poema de Georg Trakl), que «escribe al oscurecer a Alemania», que «silba llamando a sus perros» y que «silba y salen sus judíos», que «manda cavar una fosa en la tierra», que «nos ordena», que «ordena tocad ahora música de baile», que «echa mano al hierro en el cinto» y «lo blande», que «grita tocad más dulcemente a la muerte»: y él, el verdugo nazi, que «te alcanza con bala de plomo te alcanza certero», que reduce a cenizas seres humanos inocentes («tu cabello de ceniza Sulamita») y que «nos regala una fosa en el aire» («luego tendréis una fosa en las nubes allí no hay estrechez»). Ésta es la razón por la cual «la muerte es un amo de Alemania»: el exterminio se realiza con el mismo escrúpulo del artesano que plasma su obra. Pero ¿cómo dar voz a la bella Sulamita (símbolo del pueblo judío en el Cantar de los Cantares) si de ella ya no queda nada? ¿Cómo describir tumbas en las nubes que acogen cuerpos de humo? ¿Cómo hacer visible lo invisible y cómo decir lo indecible? ¿Cómo usar la lengua de los verdugos contra los verdugos? Celan—no obstante las reservas expresadas por Theodor Adorno en 1949: «Escribir poesía después de Auschwitz es un acto de barbarie»—opta por no callar. Frente a la negación de las pruebas, frente al silencio de los exterminadores, sólo la palabra del testigo (suspendida entre decir y no decir) podrá mantener viva la memoria, incluso si

Nadie
testimonia
por el testigo

[«Aureola de cenizas»,
vv. 24-26, del poemario *Cambio de aliento*].

«EL ORADOR»
MARCO TULIO CICERÓN
(106 a. C-43 a. C.)

Illa enim ipsa contracta et minuta non neglegenter trac-
tanda sunt, sed quaedam etiam neglegentia est diligens.
Nam ut mulieres esse dicuntur non nullae inornatae,
quas id ipsum deceat, sic haec subtilis oratio etiam in-
compta delectat; fit enim quiddam in utroque, quo sit
venustius, sed non ut appareat. Tum removebitur om-
nis insignis ornatus quasi margaritarum, ne calamistri
quidem adhibebuntur.

•

Cabe en esas frases apretadas y cortas cierto descuido
elegante. Así como a algunas mujeres les sienta bien
la falta de adorno, así deleita a veces en este género
de oraciones cierto aparente desaliño. El arte no debe
faltar nunca, pero ha de estar oculto. Exclúyase todo
aparato de joyas y piedras preciosas; exclúyase hasta
el adorno del pelo y los afeites del rostro.

LA NEGLIGENCIA DILIGENTE:
ENTRE RETÓRICA Y COSMÉTICA

El orador, compuesto en el año 46 a. C., es la última obra de una importante trilogía enteramente consagrada a la retórica: de hecho, cierra un ciclo abierto en el 55 a. C. por el tratado *Sobre el orador* (diálogo diegético que, en el siglo XVI, servirá como modelo a los *Asolani* de Bembo y al *Cortesano* de Castiglione para escenificar las conversaciones sobre el amor y sobre el perfecto hombre de corte), proseguido, en los primeros meses del año 46 a. C., por el *Bruto* (una historia del *ars oratoria romana*). Cicerón se ocupa de estas reflexiones sobre las artes y las técnicas de la elocuencia en un momento difícil de su vida política: el ascenso al poder de César y la derrota de los valores republicanos lo empujan a dedicar tiempo y energía al estudio. Privado de la vivacidad narrativa de los dos textos dialógicos que lo preceden y marcado por un cierto desorden expositivo, *El orador* tiene, sin embargo, el mérito de ofrecer imágenes literarias sorprendentes, así como breves digresiones filosóficas. La comparación entre el ornato de la oración y el embellecimiento del cuerpo—ya usada de una manera diferente y con otros propósitos por Platón en el *Gorgias*—constituye, sin duda, una valiosa ocasión para reflexionar sobre la necesidad de emplear el artificio con tal delicadeza que llegue al extremo de ocultarlo. El artificio, como se sabe, levanta siempre ciertas sospechas. Ésta es la razón por la que Cicerón crea el oxímoron del «descuido elegante»: la habilidad del orador está precisamente en el uso del «maquillaje», ocultándolo de la misma manera que una mujer puede maquillarse ligeramente sin dejar que se note («El arte no debe faltar nunca, pero ha de estar oculto»). Retórica y *cosmesis*, en definitiva, pueden recurrir a las mismas estrategias de comunicación y a las mismas técnicas para superar las suspicacias del público. Discursos fundados en el «estilo simple» y cuerpos privados «de embellecimiento» aparecen, en muchos casos, más «naturales» y por lo tanto más persuasivos. Un «precepto» que encontrará nuevos tratamientos sobre todo en el Renacimiento (pensemos en la noción de «*sprezzatura*» en el *Cortesano*: lo «que oculte el arte y muestre lo que se hace y dice como si se hiciera sin fatiga y casi sin pensar en ello», 1, 26). Pero la analogía sirve también para recordarnos que un discurso reducido a puro ornamento sería una máscara privada de sentido: «Ante todo […] sin filosofía nadie puede ser elocuente». Separar la retórica de la filosofía sería tanto como suplir la belleza natural de un cuerpo con los engaños de la *cosmesis* («Sin la filosofía, nadie puede discurrir ni hablar de grandes y variadas cosas con extensión y abundancia», 4, 14). Quien conozca «el arte del decir» sin conocer «el arte del pensar» nunca será un «orador perfecto». Sólo combinando la «ciencia de las palabras» y la «ciencia de las cosas» se obtendrá a un orador «preciso a la hora de probar, mediano a la hora de deleitar, vehemente a la hora de convencer» (21, 69). En contraste con la preeminencia de la didáctica (por desgracia, vigente hoy en las escuelas y universidades), el conocimiento de la disciplina es anterior a todo manual que enseñe a enseñar. El maquillaje no puede sustituir a la belleza.

«EL CORAZÓN DE LAS TINIEBLAS»
JOSEPH CONRAD
(1819-1893)

They were conquerors, and for that you want only brute force—nothing to boast of, when you have it, since your strength is just an accident arising from the weakness of others. They grabbed what they could get for the sake of what was to be got. It was just robbery with violence, aggravated murder on a great scale, and men going at it blind—as is very proper for those who tackle a darkness. The conquest of the earth, which mostly means the taking it away from those who have a different complexion or slightly flatter noses than ourselves, is not a pretty thing when you look into it too much.

•

Eran conquistadores, y para eso no se necesita más que fuerza bruta: nada de lo que se pueda uno jactar, cuando la tiene, pues su fuerza es sólo un accidente que resulta de la debilidad ajena. Se apoderaban de todo lo que podían sólo porque podían. Aquello no era más que un robo con violencia, asesinatos con agravantes cometidos a gran escala, y los hombres entregándose ciegamente a ello, como suele suceder con quien se enfrenta a una oscuridad. La conquista de la tierra, que en realidad significa arrebatársela a los que tienen otro color de piel o narices más chatas que las nuestras, no es algo muy bello si lo mira uno de cerca.

VIAJE A LAS TINIEBLAS DE LA BARBARIE

El viaje del capitán Marlow a las tinieblas de África no es sólo un descenso a los infiernos del colonialismo europeo, no sólo busca desenmascarar la hipocresía de los «conquistadores» que alegando nobles valores humanitarios han torturado y explotado a poblaciones indefensas. Es asimismo un viaje por los meandros del alma y por las duplicidades de la psicología humana. A través de las palabras de Marlow y del otro narrador anónimo, Conrad construye una «novela breve» envuelta enteramente en el «misterio». En *El corazón de las tinieblas* (que se publica primero por entregas, en 1899, en el *Blackwood Magazine*, y luego, en 1902, en un volumen) la aventura de la búsqueda del mítico Kurtz en la impenetrable selva se transforma en la exploración de las oscuridades de la psique del hombre blanco. En la ambigua personalidad de Kurtz pueden encontrarse todas las ambivalencias que caracterizan al imperialismo europeo de aquel tiempo: al hombre genial («Era un genio universal», III, p. 116) y animado por generosos ideales («Había llegado allí equipado con ideas morales», I, p. 49; «Su bondad relucía en cada una de sus acciones», III, p. 122) se le superpone la imagen del colonialista despiadado («Hablando abiertamente, el hombre saqueaba la región», III, p. 91). Su carácter cosmopolita alude a una simbólica función universal. Y así, también la experiencia autobiográfica de Conrad (el viaje de 1890 al Congo de Leopoldo II de Bélgica, después narrado en los *Diarios del Congo*) se transforma en una reflexión más amplia sobre la corrupción de la civilización europea. Los buenos propósitos (era «un centro para el comercio, por supuesto, pero también para humanizar, mejorar, instruir», II, p. 53) son arrollados por la avidez de ganancias («Arrancar tesoros de las entrañas de la tierra era su deseo, [sin] escrúpulo moral», I, p. 48). Era preciso adentrarse en las «tinieblas» africanas para recorrer de nuevo el curso de la historia («Remontar aquel río fue como viajar a los tempranos orígenes del mundo», II, p. 54) y para reencontrar en aquellos silencios, en aquellas sombras, en aquellas oscuridades, fragmentos ignorados de la propia identidad: la *selva selvaggia* le había «[susurrado] cosas acerca de él mismo que él desconocía» (III, p. 93). Sólo en aquel abismo Kurtz (pensemos en el otro Kurtz, en el del film *Apocalypse Now* de Coppola, y en las atrocidades del neocolonialismo estadounidense) ve reflejado su «vacío» y el drama de una civilización occidental embrutecida, cuyo sentido parece encerrarse en sus palabras finales: «¡El horror! ¡El horror!» (III, p. 110). En esta tensión entre el «decir» y el «no decir» (alimentada por la experiencia personal de Kurtz, por el destino de la sociedad e incluso por el lenguaje literario) y en la imposibilidad de referir la verdad (la mentira que Marlow susurra, en la conclusión, a la prometida de Kurtz) pueden igualmente entreverse las «tinieblas» de las tentaciones totalitarias: «Tenía la fe, ¿se da cuenta?, tenía la fe. Podía convencerse de cualquier cosa [...] Habría sido un espléndido líder de un partido extremista» (III, p. 116). Ayer, la barbarie de la fe en la «raza aria»; hoy, una Europa extraviada e inhumana, a merced de gobernantes que están al servicio de bancos y de financieros, y de partidos (empresarios del miedo) que predican la intolerancia.

«INFIERNO»
DANTE ALIGHIERI
(1265-1321)

«Noi leggiavamo un giorno per diletto
di Lancialotto come amor lo strinse;
soli eravamo e sanza alcun sospetto.
   Per più fiate li occhi ci sospinse
quella lettura, e scolorocci il viso;
ma solo un punto fu quel che ci vinse.
   Quando leggemmo il disïato riso
esser baciato da cotanto amante,
questi, che mai da me non fia diviso,
   la bocca mi baciò tutto tremante.
Galeotto fu il libro e chi lo scrisse:
quel giorno più non vi leggemmo avante».

·

«Leyendo por placer un libro un día,
supimos del amor de Lanzarote;
estábamos a solas y sin cuita.
   La lectura juntó nuestras miradas
muchas veces y nos ruborizamos,
pero todo ocurrió por un pasaje.
   Cuando supimos que tan noble amante
besó el sonriente y deseado rostro,
este, que nunca abandonó mi lado,
   estremecido me besó en la boca.

Libro y autor hicieron de Galeoto:
ya no leímos más en todo el día».

LEER UN LIBRO PUEDE CAMBIAR LA VIDA

Entre los besos más célebres que narra la literatura europea, ninguno ha suscitado tal río de comentarios y de interpretaciones como el de Paolo y Francesca. Estos versos del
canto V del *Infierno*, en efecto, han dado que pensar durante siglos a los más diversos exégetas. Dante, en el segundo
círculo de los lujuriosos, donde sufren condena los incon-
tinentes que someten la razón a la pasión («los pecadores
de la carne, | que la razón someten al instinto», vv. 38-39),
se sorprende por el hecho de que dos almas, a diferencia de
las demás, se mueven juntas («me gustaría | hablar a aque-
llos dos que vuelan juntos», vv. 74]). Se trata de Francesca
da Polenta y de Paolo Malatesta, cuñados, que a causa de
su relación adúltera son después asesinados por el defor-
me Gianciotto, marido de ella y hermano del amante (de la
tragedia, probablemente acontecida entre 1283 y 1286, no
hay huella alguna en las crónicas de la época). Antes de referir el asesinato, Francesca se detiene en la naturaleza universal del amor (la palabra *amor*, en secuencia anafórica,
abre tres tercetos consecutivos, vv. 100, 103, 106), con versos célebres como «Amor, que prende pronto en noble pecho» (fórmula muy estimada por el *stil novo* y por el mismo
Dante, en la cual se subraya que el amor inflama fácilmente
el corazón noble) o «Amor, que al que es amado amar requiere» (el amor no permite a quien es amado no devolver, a
su vez, el amor). Dejando de lado las distintas explicaciones
de esta «premisa» en la que resuenan también las divulga-
das reflexiones de Andrea Cappellano sobre el amor—al-

gunos la consideran una estrategia para echar la culpa de la traición a la fuerza del amor, otros insisten por el contrario en la autocondena—, el análisis de las circunstancias en las que los amantes descubren su recíproca pasión mantiene todo su interés. Francesca narra al detalle el momento fatal. Los cuñados están leyendo la novela francesa en la que se relata la historia del enamoramiento de Lanzarote (valeroso caballero de la Tabla Redonda) y de Ginebra (esposa del rey Arturo). Están solos e ignoran (no tienen «ninguna sospecha») el peligro que corren. Y aunque la lectura provoca a menudo el cruce de sus miradas haciéndolos empalidecer, sólo un episodio se revela decisivo: cuando se narra el beso de Lanzarote a Ginebra (en realidad en la novela es la reina la que besa al caballero), Paolo besa a Francesca («estremecido me besó en la boca», v. 136). Dante, turbado y conmovido por la trágica experiencia de los dos amantes, pierde el sentido («Y caí como un cuerpo muerto cae», v. 142). El amor imposible de Lanzarote y Ginebra se transforma en el espejo en el que se refleja el amor imposible de los dos cuñados. Por eso, el libro hace de Galeoto (el personaje que en la novela hará de mediador entre los dos amantes): la literatura puede inspirar a la vida, igual que la vida inspira a la literatura. Lo han enseñado, en contextos muy diferentes, también don Quijote (ávido lector de libros de caballería) y madame Bovary (enamorada de los relatos de amor). ¡Buenos o malos lectores, poco importa! Un libro puede cambiar la vida.

«GALATEO»
GIOVANNI DELLA CASA
(1503-1556)

Ma tuttavia gli uomini non si deono misurare in questi affari con sí fatto braccio, e deonsi piuttosto pesare con la stadera del mugnaio che con la bilanacia dell'orafo; et è convenevol cosa lo esser presto di accettarli non per quello che essi veramente vagliono, ma, come si fa delle monete, per quello che corrono.

•

Los hombres, sin embargo, no deben medirse en estos asuntos con semejante vara y deben pesarse antes con la romana del molinero que con la balanza del orfebre; y es mejor estar dispuestos a aceptarlos no por lo que realmente valen sino, al igual que se hace con las monedas, por cómo corren.

EL CONFORMISMO FAVORECE EL ÉXITO

Hay palabras cuyo significado no se explica recurriendo a una raíz etimológica, sino al afortunado título de un libro. Si hablamos de «galateo», en efecto, pensamos de inmediato en las «buenas maneras», en las normas «que regulan las relaciones entre las personas en la sociedad». Nos referimos, claro está, al tratado de monseñor Giovanni Della Casa, compuesto entre 1551 y 1555 y publicado póstumamente en 1558. El *Galateo*—que obtuvo un éxito inmediato, como atestiguan las treinta y ocho reimpresiones y las numerosas traducciones realizadas durante el siglo XVI— toma el nombre de Galeazzo (en latín *Galatheus*) Florimonte, obispo y literato, con el cual el autor había discutido a menudo sobre las reglas que conciernen a la vida social. A diferencia de los grandes modelos ideales de la literatura consagrada al arte del buen comportamiento, como el *Cortesano* de Castiglione (1528), el opúsculo de monseñor Della Casa se dirige a un público urbano y se propone disciplinar todos los aspectos de la vida en común: la conversación, los gestos, la higiene, la manera de vestir, las ceremonias, la relación con los sirvientes, la actitud que se debe adoptar en la mesa. Y por cierto que a través de las prohibiciones enunciadas en el texto, es posible reconstruir un cuadro cómico de los malos hábitos de la época: «No es correcto rascarse estando en la mesa [...] No conviene tampoco [...] llenar de comida ambos lados de la boca» (XXIX, pp. 219-220), «otros escupen encima y a la cara de aquellos con los que conversan» (XXX, p. 224). Pero—más allá de las normas particulares y de las llamadas a la «mesura»—el *Galateo* se funda sobre todo en el «conformismo» («Te conviene templar y ordenar tus modales no según tu arbitrio, sino, según el placer de aquellos con quienes tratas», II, p. 143; «Y si toda tu ciudad lleva el pelo corto, no hay que llevar melena», VII, p. 152). No debe elegirse lo que es «bueno», sino el uso común («Debemos obedecer, no a la mejor costumbre, sino a la presente», XVI, p. 171). Para tener éxito uno debe adaptarse a los otros. La apariencia cuenta más que la sustancia: a los hombres se les pesa al por mayor, con una romana de molinero, no con una balanza de orfebre; como sucede con las monedas, «realmente valen» por lo que corren, por la circulación que tienen.

«LOS VIRREYES»
FEDERICO DE ROBERTO
(1861-1927)

... e certuni ben informati assicuravano che una volta, nei primi tempi del nuovo governo, egli aveva pronunziato una frase molto significativa, rivelatrice dell'ereditaria cupidigia viceregale, della rapacità degli antichi Uzeda:

—Ora che l'Italia è fatta, dobbiamo fare gli affari nostri...— [...] Avevano promesso il regno della giustizia e della moralità; e le parzialità, le birbonate, le ladrerie continuavano come prima: i potenti e prepotenti d'un tempo erano tuttavia al loro posto! Chi batteva la solfa, sotto l'antico governo? Gli Uzeda, i ricchi e i nobili loro pari, con tutte le relative clientele: quelli stessi che la battevano adesso!

•

... y algunos bien informados aseguraban que en una ocasión, en los primeros tiempos del nuevo Gobierno, había pronunciado una frase muy significativa, que ilustraba la hereditaria codicia virreinal, la rapacidad de los antiguos Uzeda: «Ahora que Italia está hecha, hagamos nuestros negocios...» [...] Habían prometido que reinarían la justicia y la moralidad; pero los favoritismos, las bribonadas, los latrocinios seguían igual que antes: ¡los poderosos y mandamases de antaño seguían todavía en sus puestos! ¿Quién llevaba la batuta bajo el antiguo régimen? Los Uzeda, los ricos y sus pares los nobles, con sus respectivas clientelas: ¡los mismos que la llevaban ahora!

AHORA QUE ITALIA ESTÁ HECHA... HAGAMOS NUESTROS NEGOCIOS

En esta obra maestra de Federico De Roberto las vicisitudes privadas de tres generaciones de los Uzeda (príncipes de Francalanza y rama de una antigua familia de virreyes de la aristocracia española) se entrecruzan con los destinos políticos de Sicilia. La novela—publicada en 1894 y reimpresa en 1920, en una segunda edición con correcciones lingüísticas—ofrece un extraordinario retrato de los acontecimientos que, en el curso de más de tres décadas, marcaron la historia de la isla entre los disturbios del Resurgimiento y las elecciones políticas de 1882. Pasando revista a los terribles conflictos que tuvieron lugar en el microcosmos familiar de los Uzeda («No viven en paz entre sí, se maltratan sin cesar», III, 9, p. 725) y en el macrocosmos social (los conflictos entre nobleza y pueblo y las esperanzas depositadas en la Unidad de Italia), el autor muestra cómo la transición de una generación a otra (de Giacomo a Consalvo) o de un régimen a otro (de los Borbones a los Saboya) produjo mutaciones sólo aparentes que dejaron intactos los equilibrios del poder y las dramáticas desigualdades entre ricos y pobres. Ya la frase atribuida al duque de Oragua, antes borbónico y después liberal—«Ahora que Italia está hecha, hagamos nuestros negocios», parodia de la máxima atribuida a D'Azeglio: «¡Hecha Italia, hagamos a los italianos!»—, refleja a la perfección el horizonte ideológico dentro del cual se moverá el sobrino Consalvo para llegar a ser diputado:

La historia es una monótona repetición; los hombres han sido, son y serán siempre los mismos. Las condiciones exteriores cambian; no puede negarse que entre la Sicilia de antes del sesenta, aún casi feudal, y la de hoy parece que medie un abismo; sin embargo, la diferencia es nada más que aparente. El primer elegido mediante el sufragio casi universal no es ni un hombre del pueblo ni un burgués, ni siquiera un demócrata: soy yo, porque me llamo príncipe de Francalanza [III, 9, p. 723].

Su representación en el papel de socialista («He llegado al convencimiento de que la propiedad es un robo. Si mis antepasados no hubieran robado, yo debería ganarme la vida con el sudor de mi frente», III, 9, p. 682) no borra el íntimo disgusto que le provoca la multitud de sus seguidores («Un infinito desprecio por la grey lo animaba», III, 9, p. 683). En el fondo, las demagógicas promesas electorales contra las desigualdades contrastaban violentamente con sus convicciones basadas en el hecho de que «el fuerte», «bajo no importa qué régimen», acaba por «subyugar al débil» (III, 9, p. 685). Las conversiones, las ilusiones, las hipocresías, los egoísmos, el uso instrumental de las ideologías, junto con la sed de dinero y de poder, constituyen un retrato implacable de las miserias humanas. Un retrato que, aun siendo el reflejo de un particular momento histórico, adquiere también un valor universal. Porque el teatro del mundo está lleno de nobles que han cambiado de chaqueta, de políticos que fingen trabajar por el bien común mientras trabajan para sí mismos, de altos prelados corruptos (como don Blasco) que roban los bienes de la Iglesia. El estribillo, por desgracia, parece ser siempre el mismo:

Viva el principito
que a todos paga el vino;
viva Francalanza
que a todos llena la panza [III, 9, p. 716].

«NINGUNA FRAGATA»
EMILY DICKINSON
(1830-1886)

There is no Frigate like a Book
To take us Lands away
Nor any Coursers like a Page
Of prancing Poetry –
This Travel may the poorest take
Without oppress of Toll –
How frugal is the Chariot
That bears the Human Soul.

•

No hay fragata como un Libro
Para llevarnos por esos Mundos
Ni Corceles como una Página
De encabritada Poesía —
Esta Travesía la puede realizar el más pobre
Sin la presión del Peaje —
Qué frugal es la Carroza
Que transporta al Alma Humana.

EL VIAJE MÁS BELLO ES LA LECTURA

Emily Dickinson está en lo cierto: no existe mejor medio
para viajar que la literatura. Un libro puede conducirnos

a lugares más remotos que cualquier bajel («No hay fragata como un Libro | Para llevarnos por esos Mundos»), del mismo modo que un poema puede hacernos marchar al galope mejor que un caballo de carreras («Ni Corceles como una Página | De encabritada Poesía»). Se trata, en cualquier caso, de viajes que no requieren dinero: a quien desea partir no le es preciso pagar un billete («Esta Travesía la puede realizar el más pobre | Sin la presión del Peaje»). Un libro es una «carroza frugal», simple, austera. Y el alma humana, que no se interesa por la comodidad del vehículo, sino por la aventura del viaje en sí, no dudará en dejarse transportar. En la poesía de Dickinson, sin embargo, el viaje provocado por la lectura no es el único que está en juego. Hay también el viaje que encarna la experiencia misma de la escritura. Y 1775 fragmentos—que componen la obra completa de la poeta estadounidense y que sólo vieron la luz, tras años de existencia manuscrita, con la edición de Thomas H. Johnson publicada en 1955—representan esta necesidad de impulsarse más allá de cualquier confín para explorar los meandros más oscuros y remotos del alma. Precisamente ella—que, en el momento más vivo de su creatividad, entre 1860 y 1865, se recluye en la casa paterna sin traspasar el jardín (en «Dulces montañas, vosotras no me mentís» [«*Sweet Mountains — Ye tell Me no lie*», 722] se autodefine como la «Monja Rebelde» [«*The Wayword Nun*»])—hace de sus versos los más eficaces corceles para viajar, sin peaje alguno, por su rico mundo interior y para ver lo que nunca ha visto («Yo nunca vi un Páramo — | Yo nunca vi el Mar — | Pero sé cómo es el Brezo | y qué es una gran Ola», 1052). Sólo la poesía, «una Casa más bella que la Prosa» que tiene «por Techo Eterno | Los Tejados del Cielo», permite a su múltiple «yo» recorrer los espacios infinitos para perderse y reencontrarse («Mi Trabajo — es Éste», 657). Pero también la poesía, como «carta al mundo», está destinada a realizar un viaje: aquel que, en el curso del tiempo, le permitirá dar alcance a sus ignotos destinatarios.

«SUPLEMENTO AL VIAJE
DE BOUGAINVILLE»
DENIS DIDEROT
(1713-1784)

*Rien, en effet, te paraît-il plus insensé qu'un précep-
te qui proscrit le changement qui est en nous; qui com-
mande une constance qui n'y peut être, et qui viole la
liberté du mâle et de la femelle, en les enchaînant pour
jamais l'un à l'autre; qu'une fidélité qui borne la plus
capricieuse des jouissances à un même individu; qu'un
serment d'immutabilité de deux êtres de chair, à la face
d'un ciel qui n'est pas un instant le même, sous des an-
tres qui menacent ruine; au bas d'une roche qui tombe
en poudre; au pied d'un arbre qui se gerce; sur une pierre
qui s'ébranle? Crois-moi, vous avez rendu la condition
de l'homme pire que celle de l'animal.*

.

¿No te parece que nada es más insensato que un precepto que proscribe el cambio que hay en nosotros,
que impone una constancia que no puede existir, y que
viola la libertad del varón y la mujer, encadenándolos
para siempre el uno al otro, que una fidelidad que limita el más caprichoso de los placeres a un mismo individuo, que un juramento de inmutabilidad de dos
seres de carne, ante un cielo que no es ni por un instante el mismo, bajo guaridas que amenazan ruina, en
el fondo de una roca que se convierte en polvo, al pie

de un árbol que cruje, sobre una piedra temblorosa?
Créeme, has hecho que la condición humana sea peor
que la de los animales.

¿PUEDE JURARSE FIDELIDAD ETERNA EN EL MATRIMONIO?

Escrito en 1772 y publicado póstumamente en 1796 en una
recopilación que reúne varios opúsculos, este relato filosófico escenifica el diálogo entre dos personajes anónimos. B
está leyendo el famoso *Viaje alrededor del mundo* de Louis-
Antoine de Bougainville (publicado en 1771 en París) y se
detiene con su interlocutor A sobre todo en las páginas dedicadas a la isla de Tahití y a las modalidades de vida de sus
habitantes. Su atención se centra, en particular, en la lectura de dos presuntos textos «inéditos» que misteriosamen-
te, en la ficción, no figuran en la obra de Bougainville, sino
que constituyen el armazón del *Suplemento* de Diderot. Se
trata del discurso de un viejo sabio tahitiano («Los adioses
del viejo», II) y de una conversación entre el isleño Orú y
el capellán de la expedición francesa («El coloquio entre el
capellán y Orú», III y IV). El primer texto constituye una
especie de acusación contra los colonizadores: una banda
de bergantes que roban a poblaciones pacíficas y que per-
vierten las costumbres de quienes viven en sintonía con la
naturaleza. Tampoco en el intercambio dialógico entre el
«salvaje» Orú y el hombre de Iglesia faltan graves críticas a
la presunta «civilización» occidental y a las absurdas prohibiciones impuestas por la religión. En el marco de este
choque entre dos modelos opuestos de la vida social y de
la idea misma de felicidad, se introduce una larga reflexión
sobre el amor y el erotismo. Orú, respetando las tradicio-

nes locales, pide al capellán que se aparee con las hijas y con la esposa («Ésta es mi mujer, éstas son mis hijas, elige la que prefieras», III). Y pese a exclamar en varias ocasiones «¡Pero mi religión! ¡Mi deber!», el monje se encuentra «al día siguiente acostado al lado de la muchacha». Instigado por el estupor que el polinesio demuestra ante su reticencia, el religioso alega que hombres y mujeres no pueden yacer juntos si no los une el vínculo matrimonial: «Un hombre pertenece a una mujer y solamente a ella, una mujer pertenece a un hombre y solamente a él». Por su parte, Orú, elogiando la libertad sexual de los tahitianos, considera el matrimonio como un pacto contrario «a la naturaleza», pues se funda en el hecho de que «un ser pensante, sintiente y libre pueda ser propiedad de un ser semejante a él»: ¿cómo puede prometerse fidelidad de por vida sin tomar en consideración los cambios inherentes al ser humano y a todo cuanto existe en el universo? De hecho, ante la pregunta crucial del «salvaje» («¿Acaso la mujer que ha jurado no pertenecer sino al marido no se entrega nunca a otros?»), el capellán, confundido, responde: «Nada es más común». En suma, Orú imagina la sociedad europea como «un cúmulo de hipócritas» en el que las «hijas engañan a los padres, los maridos a las mujeres y las mujeres a los maridos». La crítica a los *conquistadores* y la conciencia de la mutabilidad que domina a hombres y cosas hacen pensar en algunas reflexiones de Montaigne (*cf. supra*, pp. 49-50). Sin embargo, el punto de vista de Diderot no coincide plenamente con el de Orú. Tampoco la visión del amor al servicio de la generación de hijos (fuerza de trabajo y guerreros) escapa a la lógica del beneficio profesada por los «bárbaros» europeos.

«DEVOCIONES PARA CIRCUNSTANCIAS INMINENTES»
JOHN DONNE
(1572-1631)

No Man is an Iland, intire of it selfe; every man is a peece of the Continent, a part of the maine; if a Clod bee washed away by the Sea, Europe is the lesse, as well as if a Promontorie were, as well as if a Mannor of thy friends or of thine owne were; any mans death diminishes me, because I am involved in Mankinde; And therefore never send to know for whom the bell tolls; It tolls for thee.

•

Ningún hombre es una isla, ni se basta a sí mismo; todo hombre es una parte del continente, una parte del océano. Si una porción de tierra fuera desgajada por el mar, Europa entera se vería menguada, como ocurriría con un promontorio donde se hallara la casa de tu amigo o la tuya: la muerte de cualquier hombre me disminuye, porque soy parte de la humanidad; así, nunca pidas a alguien que pregunte por quién doblan las campanas; están doblando por ti.

Publicada en la amplia colección *Devociones para circunstancias inminentes* (1624), con el título de «Nunc lento sonitu dicunt, morieris» [«Ahora esta campana que dobla suavemente por otro me dice: eres tú quien debe morir»], esta breve «meditación» de John Donne inspiró el título de la célebre novela de Ernest Hemingway *Por quién doblan las campanas* (1940) y también el del ensayo de Thomas Merton *Los hombres no son islas* (1955). El poeta inglés, aquejado de unas violentas fiebres, había sentido la muerte muy cercana, como él mismo explica en la dedicatoria al príncipe Carlos:

En mi vida ha habido tres nacimientos: el primero y natural, cuando llegué a este mundo; el otro, de carácter sobrenatural, cuando asumí el ministerio [sacerdotal]; y ahora un nacimiento preternatural, al volver a la vida tras la enfermedad [p. 37].

Tumbado en su cama, sin fuerzas, Donne ofrece a sus lectores una serie de reflexiones sobre la lenta degradación del cuerpo, sobre el papel de los médicos, sobre el sufrimiento, sobre el lenguaje de los síntomas, sobre los posibles remedios y sus resultados. Inmóvil entre las sábanas, describe su penosa condición de prisionero («Arrojado como he sido a esta cama, mis coyunturas desmadejadas parecen grilletes, y estas finas sábanas, puertas de hierro», III, p. 58), forzado a vivir en un espacio más estrecho aún que el de una celda («No hay celda tan estrecha que no permita al prisionero dar dos, tres pasos en ella», III, p. 55), y a adoptar una «miserable e inhumana postura» («Un lecho de enfermo es una tumba y todo lo que el paciente allí expresa no son más que variantes de su propio epitafio», III, pp. 55-56). En este dramático contexto, el autor escucha los tañidos de las campanas y piensa inmediatamente en la desaparición de un vecino («Esas campanas me indican que lo conocía, o que era mi vecino», XVI, p. 176). Pero esta desaparición no sólo constituye una especie de recordatorio de la muerte inminente, un *memento mori*, sino que se convierte asimismo en una valiosa ocasión para entender que los seres humanos están ligados entre sí y que la vida de cualquier hombre forma parte de la nuestra: «Ningún hombre es una isla, ni se basta a sí mismo; todo hombre es una parte del continente, una parte del océano». Mediante la metáfora geográfica «vemos» lo que, en el torbellino del egoísmo cotidiano, no logramos percibir: que «un hombre, es decir un universo, es todas las cosas del universo» (XVI, p. 180), de igual manera que un terrón cualquiera de un continente es ese continente (XVI, p. 180). Ésta es la razón por la cual «la muerte de cualquier hombre me disminuye»: porque cada uno de nosotros es «parte de la humanidad» (XVII, p. 186), pues somos muchas pequeñas teselas de un único todo. Así, cuando oímos doblar las campanas, nos damos cuenta de que una parte de nosotros nos ha dejado y de que ahora la campana suena también para quien permanece aquí («Así, nunca pidas a alguien que pregunte por quién doblan las campanas; están doblando por ti», XVII, p. 186). Una meditación sobre la enfermedad y la muerte—suspendida, como sucede a menudo en Donne, entre lo humano y lo divino—se transforma, con la negación del hombre-isla, en un himno a la fraternidad, en un elogio de la humanidad concebida como el entrecruzamiento inextricable de una multitud de vidas.

«LAS ANTIGÜEDADES DE ROMA»
JOACHIM DU BELLAY
(1522-1560)

Nouveau venu, qui cherches Rome en Rome
Et rien de Rome en Rome n'aperçois,
Ces vieux palais, ces vieux arcz que tu vois,
Et ces vieux murs, c'est ce que Rome on nomme.

Voy quel orgueil, quelle ruine: et comme
Celle qui mist le monde sous ses loix,
Pour donter tout, se donta quelquefois,
Et devint proye au temps, qui tout consomme.

Rome de Rome este le seul monument,
Et Rome Rome a vaincu seulement,
Le Tybre seul, qui vers la mer s'enfuit,

Reste de Rome, ô mondaine inconstance!
Ce qui est ferme, est par le temps destruit,
Et ce qui fuit, au temps fait resistance.

•

Recién llegado que buscas Roma en Roma,
y nada de Roma en Roma encuentras,
estos viejos palacios, estos arcos viejos que ves,
esas viejas murallas, es cuanto llaman Roma.

Mira qué orgullo, qué ruina; y como
la que al mundo sometió bajo sus leyes,
por domeñarlo todo, se domeña a sí misma,
y cae presa del tiempo, que todo lo consume.

Roma es de Roma el solo monumento,
y única, Roma a Roma ha vencido.
Sólo el Tíber, que hacia el mar se fuga,

queda de Roma, ¡oh, mundana inconstancia!
El tiempo destruye lo más sólido,
y lo que huye le afronta resistencia.

INCLUSO LA CIUDAD ETERNA CAE EN RUINAS

En este célebre soneto—en el cual se «traducen» algunos versos de un carmen latino publicado por el palermitano Giano Vitali en 1553 y presentado de nuevo, con algunas modificaciones, en 1554—, el poeta francés Du Bellay reelabora un *topos* (el de la Antigüedad de Roma) que da nombre a toda la colección publicada en 1558. En los dos primeros cuartetos de la composición—que después, en el curso de los siglos, tomarán como modelo otros muchos poetas, de Edmund Spenser a Francisco de Quevedo y a Ezra Pound—surgen dos imágenes opuestas de una misma Roma: la Roma del pasado, rebosante de «orgullo», «la que al mundo sometió bajo sus leyes», y la Roma presente, formada por monumentos en ruinas («estos viejos palacios, estos arcos viejos que ves | esas viejas murallas, es cuanto llaman Roma»). El último verso del segundo cuarteto («y cae presa del tiempo, que todo lo consume») abre el camino a los dos tercetos sucesivos introduciendo el tema del tiempo, de la disgregación que lo arrastra todo consigo. Ni siquiera la ciudad más poderosa, conquistadora de vastísimos territorios, escapa al incesante movimiento de la naturaleza, que ahora exalta y después abate, destruyendo palacios y civilizaciones, lenguas y costumbres. Esta Roma decadente es todo lo que resta de aquella Roma gloriosa («Roma es de Roma el solo monumento»). Y mientras la ciudad que ha derrotado a todos sus adversarios se disuelve («y única, Roma a Roma ha vencido»), sólo el fluir del Tíber permanece como testigo «inmutable» de Roma («Sólo el Tíber, que hacia el mar se fuga | queda de Roma»). Du Bellay no escruta las antigüedades con el ojo admirado del humanista-arqueólogo que explora para conocer y catalogar. Las profundas heridas y las ruinas causadas por el transcurso de los siglos le ofrecen la ocasión para una reflexión universal sobre la fragilidad de las «cosas humanas»:

> ¡Oh, mundana inconstancia!
> El tiempo destruye lo más sólido,
> y lo que huye le afronta resistencia.

Si las construcciones materiales ceden a la furia destructiva, lo que es fluido es capaz de resistir. El tiempo puede destruir Roma, pero no su memoria.

«CUATRO CUARTETOS»

T. S. ELIOT

(1888-1965)

*What we call the beginning is often the end
And to make an end is to make a beginning.
The end is where we start from [...]
Every phrase and every sentence is an end and a
   beginning,
Every poem an epitaph. And any action
Is a step to the block, to the fire, down the sea's throat
Or to an illegible stone: and that is where we start.
[...]
We shall not cease from exploration
And the end of all our exploring
Will be to arrive where we started
And know the place for the first time.*

•

Lo que llamamos el comienzo es a menudo el fin
y llegar a un fin es hacer un comienzo.
El fin es de donde arrancamos [...]
Toda expresión y toda frase es un fin y un comienzo,
cada poema es un epitafio. Y cualquier acción
es un paso al tajo, al fuego, por la garganta del mar
   abajo.
O hacia una piedra ilegible: y ahí es donde
   arrancamos.

[...]
No cesaremos de explorar
y el fin de toda nuestra exploración
será llegar a donde arrancamos
y conocer el lugar por primera vez.

TODO INICIO ES UN FINAL. TODO FINAL, UN INICIO

Estos espléndidos versos están extraídos del quinto «movimiento» del último de los *Cuatro cuartetos* de T. S. Eliot, titulado «Little Gidding» (un pueblo de Huntingdonshire). Publicado en 1942—a pocos años de distancia de los otros tres cuartetos: «Burnt Norton» (1936), «East Coker» (1940) y «The Dry Salvages» (1941)—, constituye el «cierre» de la estructura circular que conecta los cuatro breves poemas. El tema inicial con el que el poeta abre «Burnt Norton» («El tiempo presente y el tiempo pasado | están quizá presentes los dos en el tiempo futuro | y el tiempo futuro contenido en el tiempo pasado», p. 191) atraviesa toda la recopilación para ser desmentido y reafirmado, propuesto de nuevo en una serie de reanudaciones, antítesis, paradojas, antinomias que aluden también a la modalidad de algunas composiciones musicales (el cuarteto, la sonata, la «fuga», el rondó). En la compleja arquitectura de los *Cuatro cuartetos*, las reflexiones sobre el «tiempo» se entrelazan con la eterna circularidad de las estaciones, de la vida y de la muerte, de la luz y de las tinieblas. Y, en este contexto, la relación entre el «inicio» y el «final» adquiere un papel de la mayor importancia. Ya en «East Coker», en efecto, el primer verso («En mi comienzo está mi fin», p. 197) y el último («En mi fin está mi comienzo», p. 203) proponen un motivo que, una vez más, pasando por una serie de variaciones e inversiones, llegará a los versos finales del último «movimiento» del cuarto cuarteto («Lo que llamamos el comienzo es a menudo el fin | y llegar a un fin es hacer un comienzo», p. 218). Aquí Eliot combina hábilmente uno de los lemas («En mi fin está mi comienzo») que pertenecieron a María Estuardo, reina de Escocia y de Francia, muerta en el patíbulo en 1587, con un célebre fragmento de Heráclito («Común es el principio y el fin del círculo», 28, 103). Entre la fuente clásica y la renacentista, se inserta también el rondó de Guillaume de Machaut, músico y poeta francés del siglo xiv: «Mi fin es mi inicio | y mi inicio es mi fin» (un autor que Eliot, según su explícita confesión, no conocía). Sin adentrarnos en los laberintos de posibles interpretaciones filosóficas y místicas, estos versos finales nos invitan a reflexionar también sobre el hecho de que «el fin de toda nuestra exploración | será llegar a donde arrancamos». Pero, para nosotros, el lugar del que hemos partido no será ya el mismo («[será] conocer el lugar por primera vez»). En efecto, la experiencia del viaje nos ha transformado y, una vez llegados al punto de partida, miraremos de manera diferente lo que habíamos visto antes de partir. De igual manera, la poesía es un continuo retorno de palabras que adquieren nuevos significados mientras pasan, en el curso de los siglos, de un poeta a otro. Todo inicio presupone un final y todo final presupone un inicio: desde la historia (el constante volver a proponerse de algunos acontecimientos) hasta la naturaleza (la incesante alternancia de los opuestos), todo se repite asumiendo siempre un sentido diferente. Ésta es la razón por la cual en la tentativa de atrapar la unidad en lo múltiple, la permanencia en la mutación, «no cesaremos de explorar».

«LAMENTO DE LA PAZ»
ERASMO DE RÓTERDAM
(1466 o 1469-1536)

Omnes Christianorum literae, sive vetus legas testamentum, sive novum, nihil aliud quam pacem et unanimitatem crepant, et omnis Christianorum vita nihil aliud quam bella tractat. Quaenam est haec plusquam ferina feritas, quae tot rebus nec vinci potest nec leniri? Quin potius aut Christianorum titulo gloriari desinant, aut Christi doctrinanm exprimant concordia. Quousque vita pugnabit cum nomine? Insignite quantumlibet aedes vestesque crucis imagine, non agnoscet Christus symbolum, nisi quod ipse praescripsit, videlicet concordiae.

•

Todos los libros sagrados, sean del Antiguo o del Nuevo Testamento, no hablan más que de la paz y la concordia, pero la vida de los cristianos es un embrollo de intrigas y guerras. ¿De dónde viene esa barbarie que ninguno de los ejemplos de Cristo es capaz de vencer ni mitigar? Que los cristianos se atengan de una vez a la doctrina de Cristo y vivan en paz como les enseñó, o que dejen de llamarse en vano cristianos. ¿Hasta cuándo tendremos que esperar para advertir que sus vidas contradicen la belleza del nombre que ostentan? Ya pueden adornar con cruces sus templos y sus hábitos, que Cristo no reconocerá símbolo alguno, salvo el de la concordia que él mismo prescribió.

QUIEN BUSCA EL BIEN COMÚN DEBE PROMOVER LA PAZ

Entre las muchas propuestas de defensa de la paz, la que plantea Erasmo de Róterdam es sin duda una de las más originales. Tras haber concedido directamente la palabra a la Locura en su célebre *Elogio de la Locura* (1511), esta vez el humanista convoca a la Paz para que hable en primera persona. En efecto, *Lamento de la paz* (1517) es una invectiva contra la guerra (y sus infinitos males) y una apelación a favor de la concordia, de la unidad y de la tolerancia. Nos encontramos en un momento histórico en el cual los grandes monarcas europeos (Francisco I de Francia, el Emperador Maximiliano y Carlos V) preparan un acuerdo, que se firmará poco después, el 11 de marzo de 1517, en Cambrai, y que tendrá como punto central la repartición de Italia. Erasmo, cuyo prestigio es de alcance europeo, decide hacer una contribución, también en calidad de consejero del príncipe Carlos de Austria. Así pues, mediante la magia de la prosopopeya, la Paz misma, en carne y hueso, toma la palabra para reprochar a la humanidad tenerla «amenazada y menoscabada en todas partes» (p. 9). Su disgusto no responde tanto a la ofensa personal infligida («Si los mortales [...] me rechazaran y derrocaran sin mirar mis merecimientos y con desprecio de las ventajas que les ofrezco, deploraría tanto mi ultraje como su injusticia», p. 11), como al hecho de que, al rechazarla, los hombres «alejan de sí la fuente de toda felicidad humana y atraen la marea de todas las calamidades» (*ibid.*). Y la mayor desventura es «que no se compadecen de sí mismos, porque no hay mayor infeliz que quien no percibe su propia infelicidad. El primer paso hacia la curación es conocer la magnitud de la propia enfermedad» (pp. 11-12). Mientras que la naturaleza nos lleva a «aspirar a la paz y la concordia»—baste pensar en los animales que no se matan entre ellos dentro de la misma especie: «la víbora no muerde a la víbora y el lince no desgarra al lince» (p. 45)—, los hombres «discuten, pelean o combaten encarnizadamente» y «no hay saqueo, masacre, robo, destrucción sacra o profana, ni alianza lo bastante santa que los pueda apartar de su furia, aunque ésta los condene siempre a la ruina» (pp. 18-19). El ejemplo más llamativo es el de los cristianos que llevan «la insignia de la salvación» cuando se disponen a matar a su hermano y que «en nombre de la cruz» dan muerte «a quien fue salvado por la cruz» (p. 51). La Paz, en definitiva, tras tantas peregrinaciones, no alcanza a encontrar un lugar en el que vivir: en los conventos ve que «hay tantas facciones como cofradías» (p. 24); en las escuelas de los doctos encuentra «la guerra de otro género» en el cual las diferentes escuelas «disienten entre ellas» (p. 21); en las cortes descubre que «son la causa de todas las guerras» (p. 21); incluso en las familias «ha irrumpido la malvada discordia que divide incluso a aquellos a quienes tantos lazos unen» (p. 25); y ni siquiera «en el corazón de un hombre solo» hay lugar para la Paz, porque «el hombre lucha consigo mismo» y «la razón lucha contra las pasiones» (*ibid.*). Desesperada, la Paz no se desmoraliza. Entre tantos consejos, privilegia uno en particular: «ignorar sus intereses personales y tomar sólo en cuenta el interés común» (p. 61). Sólo quien promueve «el bienestar de la humanidad», combate el fanatismo y, al mismo tiempo, favorece la paz y la convivencia civil. Las guerras, por el contrario, destruyen a vencidos y vencedores.

«CARTA A CRISTINA DE LORENA»
GALILEO GALILEI
(1564-1642)

*Non avendo voluto lo Spirito Santo insegnarci se il cielo
[si] muova o stia fermo, né se la sua figura sia in forma
di sfera o di disco, o distesa in piano, né se la Terra sia
contenuta nel centro di esso o da una banda, non avrà
manco avuta intenzione di renderci certi di altre conclu-
sioni dell'istesso genere [...] E se l'istesso Spirito Santo a bello studio ha pretermesso d'insegnarci simili pro-
posizioni, come nulla attenenti alla sua intenzione, ciò
è alla nostra salute, come si potrà adesso affermare che
il tener di esse questa parte, e non quella, sia tanto ne-
cessario che l'una sia de Fide, e l'altra erronea? Potrà,
dunque, essere un'opinione eretica, e nulla concernente
alla salute dell'anime? o potrà dirsi, aver lo Spirito Santo voluto non insegnarci cosa concernente alla salute?
Io qui direi che quello che intesi da persona ecclesiasti-
ca constituita in eminentissimo grado, ciò è l'intenzione dello Spirito Santo essere d'insegnarci come si vadia
al cielo, e non come vadia il cielo.*

•

No habiendo querido el Espíritu Santo enseñarnos si
el cielo se mueve o está inmóvil, ni si su figura tiene la
forma de esfera o de disco o está extendido como un
plano, ni si la Tierra se ubica en el centro del mismo o a

un lado, menos habrá tenido la intención de asegurarnos de otras conclusiones del mismo género [...] Y si el mismo Espíritu Santo a propósito ha omitido el enseñarnos semejantes proposiciones, como nada concernientes a su intención, esto es, a nuestra salvación, ¿cómo se podrá ahora afirmar que el sostener acerca de ellas esta parte y no aquella sea tan necesario que la una sea *de Fide* y la otra errónea?; ¿podrá, pues, ser otra opinión herética, y que no se refiera para nada a la salvación de las almas?, o ¿podrá decirse que el Espíritu Santo no ha querido enseñarnos cosa alguna concerniente a la salvación? Yo aquí diré aquello que oí a una persona eclesiástica de muy elevado rango, esto es, que la intención del Espíritu Santo era enseñarnos cómo se va al cielo, y no cómo va el cielo.

LA CIENCIA NO SE ESTUDIA EN LOS LIBROS SAGRADOS

En su famosa *Carta a Cristina de Lorena* (1615)—la gran duquesa de Toscana, madre de Cosme II—Galileo retoma y desarrolla algunas reflexiones muy importantes (en parte ya presentes en una misiva dirigida en 1613 a Benedetto Castelli) sobre la necesaria distinción entre el lenguaje de la Biblia y el lenguaje de la naturaleza. Los libros sagrados no pueden utilizarse como prueba contra las teorías científicas: «En las discusiones sobre los problemas naturales no se debería comenzar por la autoridad de los textos de la Escritura, sino por la experiencia sensata y por las demostraciones necesarias» (p. 70). La función de la Biblia—dado que es concebida «para acomodarse a la capacidad del pueblo llano, bastante rudo e indisciplinado» (p. 69)—no puede ser la de explicarnos los movimientos celestes («cómo va el cielo»), sino la de brindarnos una serie de preceptos morales y de reglas de comportamiento que nos enseñen «cómo se va al cielo» (es decir, cómo puede salvarse el alma). Por lo tanto, el copernicanismo no se cancela «[cerrando] la boca a uno solo». Para lograr tal objetivo «sería necesario prohibir no sólo el libro de Copérnico y los escritos de los demás autores que siguen la misma doctrina, sino prohibir toda la ciencia astronómica, vedar a los hombres el mirar hacia el cielo» (p. 75). Tomar al pie de la letra un pasaje de los textos sagrados en el que se habla del movimiento del Sol significa confundir una afirmación metafórica con una demostración científica. Y aunque Galileo pueda contradecirse alguna vez (cuando se esfuerza, en alguna página, en conciliar el heliocentrismo con ciertas expresiones formuladas en las Escrituras), su diferenciación entre conocimiento científico y revelación escrituraria se mantiene firme. Separar fe y ciencia—como ya Telesio y Bruno habían deseado hacer de manera egregia—parece, por desgracia, una verdad todavía difícil de digerir para algunos teólogos católicos que se obcecan en negar la «experiencia sensata» y las «demostraciones necesarias» mediante la autoridad de la «palabra sagrada».

«ENCOMIO DE HELENA»
GORGIAS
(c. 483-c. 380 a. C.)

Τὸν αὐτὸν δὲ λόγον ἔχει ἥ τε τοῦ λόγου δύναμις πρὸς τὴν τῆς ψυχῆς τάξιν ἥ τε τῶν φαρμάκων τάξις πρὸς τὴν τῶν σωμάτων φύσιν. ὥσπερ γὰρ τῶν φαρμάκων ἄλλους ἄλλα χυμοὺς ἐκ τοῦ σώματος ἐξάγει, καὶ τὰ μὲν νόσου τὰ δὲ βίου παύει, οὕτω καὶ τῶν λόγων οἱ μὲν ἐλύπησαν, οἱ δὲ ἔτερψαν, οἱ δὲ ἐφόβησαν, οἱ δὲ εἰς θάρσος κατέστησαν τοὺς ἀκούοντας, οἱ δὲ πειθοῖ τινι κακῇ τὴν ψυχὴν ἐφαρμάκευσαν καὶ ἐξεγοήτευσαν.

•

La misma relación guarda el poder de la palabra con respecto a la disposición del alma que la prescripción de fármacos respecto a la naturaleza del cuerpo. Pues, al igual que unos fármacos extraen unos humores del cuerpo y otros, otros; y así como algunos de ellos ponen fin a la enfermedad y otros, en cambio, a la vida, así también las palabras producen unas, aflicción; otras, placer; otras, miedo; otras predisponen a la audacia a aquellos que las oyen, en tanto otras envenenan y embrujan sus almas por medio de una persuasión maligna.

LAS PALABRAS COMO INSTRUMENTO
DE VIDA Y DE MUERTE

El *Encomio de Helena* es, sin duda, un texto célebre del cual se conoce cuando menos su arduo objetivo. Desafiando a toda la civilización literaria y cultural griega—que veía en la esposa de Menelao a la mujer infiel, culpable de haber huido de Esparta con su amante Paris y de haber provocado la terrible guerra entre griegos y troyanos—, Gorgias de Leontinos invierte radicalmente la condena moral infligida a la adúltera: «Yo, en cambio, quiero, poniendo algo de razón en la tradición, librarla de la mala fama de que se le acusa, tras haber demostrado que mienten quienes la censuran y, mostrando la verdad, poner fin a la ignorancia» (2). Helena, en efecto, no abandonó a su marido por propia voluntad: lo hizo o bien «por una decisión del azar [o bien por] orden de los dioses y decreto de la necesidad» («Porque imposible es impedir el deseo de un dios con la previsión humana», 6), «o bien raptada por la fuerza» («Es claro que su raptor, al cometer el ultraje, obró con injusticia», 7), o bien porque «fue la palabra la que la persuadió y engañó su mente» («La palabra es un poderoso soberano que, con un cuerpo pequeñísimo y completamente invisible, lleva a cabo obras sumamente divinas», 8), o bien, por último, porque estaba trastornada por la «fuerza del amor» («Si el ojo de Helena, complacido con el cuerpo de Alejandro, provocó a su alma afán y deseo de amor, ¿qué puede haber de extraño en ello?», 19). En definitiva, tanto si lo hizo «enamorada o persuadida por la palabra o raptada por la fuerza u obligada por la necesidad divina», Helena tiene que ser absuelta de toda culpa (20). En todas estas elocuentes hipótesis, las reflexiones sobre la fuerza del lógos constituyen sin duda la parte más original y rica de sugerencias.

Gorgias compara la palabra con un fármaco: tal como confirma la oximórica etimología de *pharmakon*, 'remedio' y 'veneno', una y otro pueden dar la vida y la muerte. La palabra tiene el poder de «acabar con el miedo, desterrar la aflicción, producir la alegría o intensificar la compasión». Las mismas emociones, por ejemplo, se experimentan con la poesía («palabra en metro»):

A quienes la escuchan suele invadirles un escalofrío de terror, una compasión desbordante de lágrimas, una aflicción por amor a los dolientes; con ocasión de venturas y desventuras de acciones y personas extrañas, el alma experimenta, por medio de las palabras, una experiencia propia [9].

Y, en ámbitos distintos, también «los encantamientos inspirados, gracias a las palabras, aportan placer y apartan el dolor»: «De la fascinación y de la magia se han inventado dos artes, que inducen errores del alma y engaños de la opinión» (10). Ésta es la razón por la cual hay que tener cuidado: «¡Cuántos persuadieron—y aún siguen persuadiendo—a tantos y sobre tantas cuestiones, con sólo modelar un discurso falso!» (11). Independientemente de las vicisitudes de Helena y de su encomio, que es presentado como una broma (21), Gorgias reclama nuestra atención sobre el poder de la palabra, instrumento de vida y de muerte. Por ello, quienes hablan en público deberían ser más cautos: las palabras, como las armas, también pueden provocar terribles estragos.

«ODIO A LOS INDIFERENTES»
ANTONIO GRAMSCI
(1891-1937)

Odio gli indifferenti. Credo come Federico Hebbel che «vivere vuol dire essere partigiani». Non possono esistere i solamente uomini, *gli estranei alla città. Chi vive veramente non può non essere cittadino, e parteggiare. Indifferenza è abulia, è parassitismo, è vigliaccheria, non è vita. Perciò odio gli indifferenti. L'indifferenza è il peso morto della storia. È la palla di piombo per il novatore, è la materia inerte in cui affogano spesso gli entusiasmi più splendenti, è la palude che recinge la vecchia città e la difende meglio delle mura più salde, meglio dei petti dei suoi guerrieri, perché inghiottisce nei suoi gorghi limosi gli assalitori, e li decima e li scora e qualche volta li fa desistere dall'impresa eroica. L'indifferenza opera potentemente nella storia. Opera passivamente, ma opera.*

•

Odio a los indiferentes. Creo, como Friedrich Hebbel, que «vivir significa tomar partido». No pueden existir quienes sean solamente *hombres*, extraños a la ciudad. Quien realmente vive no puede no ser ciudadano, no tomar partido. La indiferencia es apatía, es parasitismo, es cobardía, no es vida. Por eso odio a los indiferentes. La indiferencia es el peso muerto de la historia. Es la bola de plomo para el innovador, es la materia inerte en la que a menudo se ahogan los entusiasmos más brillantes, es el pantano que rodea a la vieja ciudad y la defiende mejor que la muralla más sólida, mejor que las corazas de sus guerreros, que se traga a los asaltantes en su remolino de lodo, y los diezma y los amilana, y en ocasiones los hace desistir de cualquier empresa heroica. La indiferencia opera con fuerza en la historia. Opera pasivamente, pero opera.

VIVIR ES TOMAR PARTIDO

No puede sorprendernos que Antonio Gramsci—siempre atento a la lengua y al lenguaje, hasta el punto de hacer del análisis lingüístico uno de los instrumentos esenciales de su reflexión teórica sobre la política y sobre la sociedad— dedicara breves pero intensas páginas al tema de la indiferencia. Publicado el 11 de febrero de 1917 en *La città futura*, este apasionado artículo nos invita a considerar los efectos devastadores que la indiferencia produce en la vida civil:

La indiferencia opera con fuerza en la historia. Opera pasivamente, pero opera. Es la fatalidad, aquello con lo que no es posible contar, lo que altera los programas, lo que trastorna los planes mejor elaborados, es la materia bruta que se rebela contra la inteligencia y la estrangula [p. 19].

Pero lo que parece «fatalidad» no es otra cosa que el fruto de nuestra renuncia, de nuestro peligroso «absentismo»: los hechos que «maduran en la sombra» están determinados por unas «pocas manos, sin ningún tipo de control», que tejen «la trama de la vida colectiva», mientras «las masas ignoran, porque no se preocupan» (pp. 19-20). Y frente a la degradación y la deriva de la sociedad, son precisamente los indiferentes los primeros en lamentarse: «Odio a los indiferentes» también porque «me molesta su lloriqueo de eternos inocentes» (p. 21). No se plantean la pregunta esencial que les situaría frente a su responsabilidad: «Si yo hubiera cumplido con mi deber [...] ¿habría ocurrido lo que pasó?» (p. 20). Gramsci separa el concepto de «indiferencia» de las acepciones «nobles» que proceden de la filosofía (el dominio de la pasión según la concepción cínico-estoica) o del ascetismo (la renuncia a la propia voluntad a la espera de que se cumpla la voluntad de Dios, según san Ignacio) para reconducirlo a un ámbito exclusivamente político y moral en el que viene a coincidir, negativamente, con el desinterés. «No participar» y «no ver» son formas de «complicidad». Ésta es la razón por la cual vivir significa ser «partisano»: «Por eso odio a los que no toman partido, por eso odio a los indiferentes» (p. 21).

«EL VIEJO Y EL MAR»
ERNEST HEMINGWAY
(1899-1961)

"But man is not made for defeat", he said. "A man can be destroyed but not defeated". I am sorry that I killed the fish though, he thought. Now the bad time is coming and I do not even have the harpoon. The dentuso is cruel and able and strong and intelligent. But I was more intelligent than he was. Perhaps not, he thought. Perhaps I was only better armed [...] I wonder how the great Di-Maggio would have liked the way I hit him in the brain?

•

—Pero el hombre no está hecho para la derrota —dijo—. Un hombre puede ser destruido, pero no derrotado.

«Pero siento haber matado el pez—pensó—. Ahora llega el mal momento y ni siquiera tengo el arpón. El *dentuso* es cruel y capaz y fuerte e inteligente. Pero yo fui más inteligente que él. Quizá no—pensó—. Acaso estuviera solamente mejor armado». «[...] Me pregunto qué le habría parecido al gran Di Maggio la forma en que le di en el cerebro».

Entre los muchos dramáticos desafíos que Hemingway escenifica en sus obras, la lucha entre un viejo pescador y un gigantesco *marlin* en las aguas frente a La Habana conforma un extraordinario himno a la valentía, a la obstinación, al honor, a la piedad, a la esperanza, a la vida como perpetuo teatro de inevitables agonismos. En el «relato» *El viejo y el mar*—que le valió el Pulitzer (1953) y después el Nobel (1954)—, Santiago no se deja vencer por una larga serie de «derrotas» («Hacía ochenta y cuatro días que no capturaba un pez», p. 7). Y así, el octogésimo quinto día, su obstinación («Su fe y su esperanza no le habían fallado nunca», p. 10) se ve premiada: una enorme bestia de cinco metros y medio muerde el anzuelo. Unidos por el sedal, presa y predador se transforman en un todo único. En el cuerpo a cuerpo que mantienen, Santiago, con una conmovedora insistencia, considera al *marlin* como su amigo, su hermano. Querría darle de comer, querría que no sufriese. Pese a su continua mengua de fuerzas y pese al miedo de morir («El pescar me mata a mí», p. 71), el pescador no deja de expresar su admiración por el pez y su pena por haberlo atrapado. Así, al final del duro enfrentamiento entiende que no lo ha matado «únicamente para vivir», sino «por orgullo», porque ése es el destino del pescador («Tu naciste para ser pescador y el pez nació para ser pez», p. 71). No importa que la enorme presa haya sido devorada en el viaje de regreso por los escualos. Lo que cuenta es la victoria moral: haberse preparado para atrapar la fortuna («Pero yo prefiero ser exacto. Luego cuando venga la suerte, estaré dispuesto», p. 22), haber continuado esperando contra toda previsión («Cada día es un nuevo día», *ibid.*), haber luchado hasta el último aliento, haber respetado a su presa, haber sufrido con dignidad y coraje, haber desafiado a la muerte. La fortuna no se compra («Me gustaría comprar alguna», p. 79), sino que se conquista. Sólo en este eterno encuentro (como en un partido de *baseball*), un individuo puede diferenciarse de los otros.

«SIDDHARTHA»
HERMANN HESSE
(1877-1962)

"Ich danke dir", sagte Siddhartha, "ich danke dir und nehme an. Und auch dafür danke ich dir, Vasudeva, daß du mir so gut zugehört hast! Selten sind die Menschen, welche das Zuhören verstehen. Und keinen traf ich, der es verstand wie du. Auch hierin werde ich von dir lernen" [...]
"Sieh, ich bin kein Gelehrter, ich verstehe nicht zu sprechen, ich verstehe auch nicht zu denken. Ich verstehe nur zuzuhören und fromm zu sein, sonst habe ich nichts gelernt".

•

—Te lo agradezco—declaró Siddhartha—. Te lo agradezco y acepto. Y también te doy las gracias por haberme escuchado tan bien. Hay pocas personas que sepan escuchar, y no encontré a nadie que lo hiciera como tú. También quiero aprender esto de ti [...]
—Mira, yo no soy un sabio [dijo Vasudeva], y no sé hablar y tampoco pensar. Sólo sé escuchar y ser piadoso: no he aprendido otra cosa.

El profundo diálogo entre Siddhartha y el barquero Vasudeva es uno de los momentos más emotivos de esta célebre novela («poesía india») de Hermann Hesse, publicada
en 1922, pocos años después de los desastres causados por
la Primera Guerra Mundial. Tras haber experimentado la
vida de los ascetas, la paz mística de Gotama Buda, el ex-
travío en el erotismo («Aprendí el arte del amor con Ka-
mala», 11, 4, p. 113) y la corrupción de la riqueza («Amon-
toné dinero, malgasté, aprendí a contentar a mi estómago»,
ibid.), Siddhartha llega a un río en el bosque («Le parecía
que ese río poseía algo especial, algo que aún desconocía,
pero que le esperaba», 11, 4, p. 117). Y allí, tras un encuentro fortuito con su amigo Govinda, frecuenta a Vasudeva,
que lo invita a escuchar y a «ver», en silencio, los secretos
del curso de agua: «El agua corría sin descanso, no dejaba
de deslizarse y, sin embargo, siempre se encontraba allí, en
todo momento. ¡Y no obstante, siempre era agua nueva!»
(11, 5, p. 120). Gracias a las sencillas conversaciones con el
sabio «pasador» y a sus elocuentes silencios («Era una persona muy sencilla; no se trataba de ningún filósofo, y sin
embargo sabía tanto como Gotama», 11, 8, p. 164), el protagonista percibe la conexión entre lo uno y lo múltiple, entre lo que permanece y lo que fluye: «Y todo aquello unido era el río, todas las voces, los fines, los anhelos, los sufrimientos, los placeres; el río era la música de la vida» (11,
7, pp. 158-159). Sólo entonces entiende lo que antes había
aprendido únicamente de un modo abstracto: «Sentí cir-
cular en mi interior todo el sabor de la unidad del mundo,
como si se tratara de mi propia sangre» (11, 4, p. 113). En la
unión con el todo, en el sentirse parte del universo, «el que

busca» captura la esencia misma de la vida, la necesidad de no detenerse nunca: «El que realmente quiere encontrar, y por ello busca, no puede aceptar ninguna doctrina» (11, 5, p. 129). Y, sobre todo, entiende que «lo contrario a cada verdad es igual de auténtico» (11, 8, p. 165): «Cuando el venerable Gotama enseñaba el mundo por medio de palabras, lo tenía que dividir en *sansara* y *nirvana*, en ilusión y verdad, en sufrimiento y redención». Pero «el mundo mismo, lo que existe a nuestro alrededor y en nuestro propio interior, nunca es unilateral. Jamás un hombre es del todo *sansara* o del todo *nirvana*, nunca un ser es completamente santo o pecador» (11, 8, pp. 165-166). Y lo que llamamos «sabiduría» «no es comunicable»: «Se la puede hallar, se la puede vivir, nos sostiene, hace milagros, pero nunca se la puede explicar o enseñar» (11, 8, p. 165). Más allá de las coincidencias con las filosofías indias y con algunas corrientes del idealismo alemán, la experiencia de Siddhartha nos enseña que la búsqueda de la sabiduría es una profunda inmersión en la vida, en cuerpo y alma, en la cual también el error ocupa un lugar relevante. Pero este conocimiento vivido—esta capacidad de liberarse de los egoísmos para participar, en calidad de actores y de espectadores, en la maravilla del espectáculo cósmico—hace de la «errancia» una condición necesaria: «Sólo estoy en camino. Soy un peregrino» (11, 4, p. 109).

«CASA DE MUÑECAS»
HENRIK IBSEN
(1828-1906)

[NORA:] *Da din forskrekkelse var over – ikke for hva der truet* meg, *men for hva du selv var utsatt for, og da hele faren var forbi – da var det for deg som om slett ingenting var skjedd. Jeg var akkurat som før din lille sanglerke, din dukke, som du herefter skulle bære dobbelt varlig på hendene, siden den var så skjør og skrøpelig.* (reiser seg.) *Torvald – i den stund gikk det opp for meg at jeg i åtte år hadde levet her sammen med en fremmed mann, og at jeg hadde fått tre børn –. Å jeg tåler ikke å tenke på det! Jeg kunne rive meg selv i stumper og stykker.*

•

[NORA:] En cuanto terminó tu alarma... no por la amenaza sobre mí, sino por el riesgo que corrías, y cuando el peligro había pasado... ha sido para ti como si no hubiera ocurrido absolutamente nada. Volví a ser, igual que antes, tu pequeña alondra, la muñeca, que de ahora en adelante debería tratarse con mayor cuidado, ya que es tan delicada y frágil. (*Se levanta*) Torvald... en aquel momento comprendí que había vivido ocho años con un extraño del que había tenido tres hijos... ¡Oh, no soporto pensar en ello! Me dan ganas de golpearme hasta hacerme trizas.

En la vida a veces basta con una palabra, un gesto, un suceso imprevisto para que en un minuto se desmoronen afectos y relaciones que parecían felices y duraderos. En el primer verdadero diálogo que mantienen Nora y Torvald, la mujer descubre de repente que ha vivido durante ocho años con un marido que es un producto exclusivo de su fantasía. El señor Helmer, en efecto, puesto al corriente por el usurero Krogstad de la firma falsificada por Nora para obtener un préstamo, no piensa sino en su carrera («Has arruinado todo mi futuro», III, p. 183). Obsesionado por las consecuencias judiciales, no tiene en cuenta que aquel dinero había servido para curar su enfermedad y que si Nora había mentido, lo había hecho sólo para salvarle la vida: «También he descubierto que las leyes son distintas de lo que yo pensaba […] ¡Una mujer no tiene derecho […] a salvar la vida de su marido!» (III, pp. 196-197). Nueva Antígona—agitada por el conflicto entre las leyes de la sociedad y las del corazón—, Nora descubre en un instante el verdadero rostro de su marido. Sus declaraciones de amor («Para arriesgar mi vida […] por ti», III, p. 180) se disuelven al primer obstáculo. Poco después, el chantajista Krogstad restituye el documento con la firma delictiva (gracias a la intervención de la señora Linde, antiguo amor del usurero y amiga de Nora). Y entonces, una vez superado el peligro, Helmer se comporta como si nada hubiese sucedido («Nora, te lo juro: te lo he perdonado todo», III, p. 186). La mujer, consternada por la mezquindad del cónyuge, se da cuenta de que ha vivido con un extraño y decide partir («No puedo pasar la noche en casa de un extraño», III, p. 201). Toma conciencia de su vida de muñeca: «Pero nuestro hogar no ha sido más que un cuarto de jugar. Aquí he sido tu mujer muñeca, como en casa era la niña muñeca», III, p. 192). En *Casa de muñecas* (1879)—drama que provocó un escándalo en una época en la que abandonar al marido era inconcebible—Ibsen escenifica las hipocresías del matrimonio, la duplicidad de las relaciones humanas, el trágico destino de las mujeres condenadas a hacer felices a los hombres, la autoconciencia como opción de libertad.

«DISCURSO SOBRE LA SERVIDUMBRE VOLUNTARIA»

ÉTIENNE DE LA BOÉTIE

(1530-1563)

Pour ce coup, je ne voudrais sinon entendre comme il se peut faire que tant d'hommes, tant de bourgs, tant de villes, tant de nations endurent quelquefois un tyran seul, qui n'a puissance que celle qu'ils lui donnent; qui n'a pouvoir de leur nuire, sinon qu'ils ont pouvoir de l'endurer; qui ne saurait leur faire mal aucun, sinon lorsqu'ils aiment mieux le souffrir que lui contredire. Grand'chose certes, et toutefois si commune qu'il s'en faut de tant plus douloir et moins s'ébahir voir un million de millions d'hommes servir misérablement, ayant le col sous le joug, non pas contraints par une plus grande force, mais aucunement (ce semble) enchantés et charmés par le nom seul d'un, duquel ils ne doivent ni craindre la puissance, puisqu'il est seul, ni aimer les qualités, puisqu'il est en leur endroit inhumain et sauvage.

•

En esta ocasión no querría sino entender cómo puede ser que tantos hombres, tantos burgos, tantas ciudades, tantas naciones soporten alguna vez a un tirano solo que no tiene otro poder que el que ellos le dan, que no tiene más poder para hacerles daño que el que ellos tienen para soportarlo, que no puede hacerles mal alguno sino mientras prefieran sufrirlo a contradecirlo. Ciertamente, es una cosa grande, y sin embargo tan común que debemos afligirnos más por ello y extrañarnos menos: ver a un millón de hombres servir miserablemente, con el cuello bajo el yugo, no obligados por una fuerza mayor, sino de algún modo (eso parece) como encantados y fascinados por el mero nombre de uno, del que no deben ni temer su poder, pues está solo, ni amar sus cualidades, pues es con ellos inhumano y salvaje.

LA LLAVE DE LA LIBERTAD ESTÁ EN MANOS DE LOS ESCLAVOS

Célebre por la profunda amistad que le unió a Montaigne, de la que se habla en *Los ensayos*, a Étienne de La Boétie se le recordará sobre todo por el *Discurso de la servidumbre voluntaria* (cuya versión íntegra no se publicó hasta 1577, aunque probablemente fue compuesto entre 1550 y 1557). Joven consejero en los tribunales de Burdeos, La Boétie se pregunta sobre la perversidad del tirano y sobre la sumisión voluntaria de aquellos que le permiten ejercer su tiranía. El tirano, en efecto, obtiene sus fuerzas sólo de los hombres «[que le sirven] miserablemente» (p. 26): «Es el pueblo el que se subyuga, el que se degüella, el que pudiendo elegir entre ser siervo o ser libre abandona su independencia y se unce al yugo» (p. 29). Sin los siervos el tirano no existiría:

¿De dónde ha sacado tantos ojos con que espiaros, si no se los dais vosotros? [...] ¿Qué podría haceros si no encubrieseis al ladrón que os saquea, si no fueseis cómplices del asesino que os mata y traidores a vosotros mismos? [p. 31].

El vértice de la pirámide no podría sostenerse sin una base sólida: en lo más alto está el tirano, un poco más abajo sus cinco o seis consejeros, y después éstos «tienen a seiscientos que prosperan bajo su protección» y estos seiscientos, a su vez, «tienen debajo suyo a seis mil, a los que han otorgado privilegios». Y gracias a este hilo «se atan al tirano» no sólo «aquellos seis mil, sino cien mil, sino millones» (p. 51).

Sin embargo, los siervos saben bien que los miserables privilegios concedidos pueden perderse de repente, con la misma ferocidad con la que han sido arrebatados a otros. Más allá del contexto histórico (animado por los dramáticos conflictos religiosos) en el que maduró, este panfleto es sobre todo un himno a la libertad. Las formas de la tiranía y de la servidumbre son múltiples y, a menudo, están enmascaradas. Todavía hoy son demasiados los hilos que nos convierten en siervos. La Boétie tiene el mérito de recordarnos que la llave de nuestra prisión está en nuestras propias manos: «Resolveos a no servir más y seréis libres» (p. 31).

«LA PRINCESA DE CLÈVES»
MADAME DE LAFAYETTE
(1634-1693)

«Je vous donne, lui dis-je, le conseil que je prendrais pour moi-même; car la sincérité me touche d'une telle sorte que je crois que si ma maîtresse, et même ma femme, m'avouait que quelqu'un lui plût, j'en serais affligé sans en être aigri. Je quitterais le personnage d'amant ou de mari, pour la conseiller et pour la plaindre». Ces paroles firent rougir Mme de Clèves, et elle y trouva un certain rapport avec l'état où elle était, qui la surprit, et qui lui donna un trouble dont elle fut longtemps à se remettre.

•

«Os doy—le dije—el consejo que me daría a mí mismo, pues tanto me conmueve la sinceridad, que si mi amante o incluso mi mujer me confesara que alguien le gustaba, me entristecería sin amargarme. Olvidaría el papel de amante o de marido para aconsejarla y compadecerme de ella». Estas palabras [de monsieur de Clèves] hicieron ruborizar a la señora de Clèves y les encontró cierta relación con el estado en que se hallaba, cosa que la sorprendió y la turbó de tal manera que tardó mucho en reponerse.

En este franco diálogo entre monsieur de Clèves y su esposa, es posible identificar uno de los principales temas de la historia narrada por la célebre escritora francesa: ¿acaso un marido puede aceptar que su esposa le confiese haberse encaprichado de otro hombre sin irritarse, e incluso considerar su confesión como un signo de extrema sinceridad? Las certezas de monsieur de Clèves, en cualquier caso, se derrumbarán poco tiempo después por mor de su trágica experiencia personal. Ambientada en los años del reinado de Enrique II de Valois, la novela (escrita entre 1672 y 1677, pero publicada anónimamente en 1678) narra los tormentos amorosos de la protagonista en un contexto cortesano fundado en la ambición y en la galantería («La ambición y la galantería eran el alma de aquella corte», I, pp. 23-24), en los vínculos entre la política y el amor («El amor siempre se hallará mezclado con el interés y el interés con el amor», *ibid.*) y en el arte del disimulo (hábilmente practicado por el rey y la reina, así como por los nobles de alto y de bajo rango). Mademoiselle de Chartres, futura princesa de Clèves, se ve forzada a desposar a un hombre al que estima y aprecia pero al que no profesa amor («No sentía ningún amor especial por él», I, p. 31). Monsieur de Clèves, por el contrario, consciente de amar y de no ser amado a su vez («Jamás logré inspiraros amor», III, p. 135), acepta casarse convencido de que la virtud y la honestidad de su mujer de un modo u otro harán que su unión sea dichosa. Pero el equilibrio de la pareja se rompe cuando madame de Clèves encuentra a monsieur de Nemours en un baile en la corte. Ambos sucumben al efecto de un repentino «flechazo»: la princesa ve «que él superaba a todos los demás [...]

tanto por el aspecto de su persona como por el agrado de su trato, de tal modo que en poco tiempo dejó impresionado su corazón» (I, p. 38); el duque, por su parte, le confiesa indirectamente su loca pasión («Las grandes aflicciones y las pasiones violentas [...] producen grandes cambios en el alma; en cuanto a mí, no soy el mismo desde que llegué de Flandes», II, p. 80). Una pasión enloquecida que, mientras tanto, ha desatado la curiosidad del *milieu* cortesano, dispuesto a averiguar la identidad de la desconocida inspiradora de aquel repentino «cambio». La madre de la princesa intuye de inmediato el «precipicio» en el que su hija está a punto de caer y, en el momento de la muerte, la invita a no ceder para conservar intacta su virtud: «Retiraos de la corte, podéis obligar a vuestro marido a que os saque de aquí. No temáis adoptar las soluciones más drásticas y difíciles» (I, p. 57). Suspendida entre la fuerza turbadora de la pasión y la presión del rigor moral, madame de Clèves vive el tormento de la contradicción: «Todas mis resoluciones son inútiles; ayer pensaba lo mismo que hoy pienso, y hoy hago todo lo contrario de lo que decidí ayer» (III, p. 130). Se retira al campo en Coulommiers y, apremiada por las preguntas del marido, acaba por confesarle la pasión que siente por Nemours:

Voy a haceros una confesión que jamás mujer alguna hizo a su marido; pero la inocencia de mi proceder y de mis intenciones me dan fuerza para ello [...] Os pido mil perdones si mis sentimientos os desagradan, pero al menos no os ofenderé con mis acciones [III, p. 134].

Aunque agitado por la turbación, monsieur de Clèves afirma apreciar «la mayor prueba de fidelidad que jamás mujer alguna dio a su marido»: «Me estimáis lo suficiente para saber que no abusaré de vuestra confusión» (III, p. 136). Pero a causa de una serie de equívocos, los buenos propósitos del esposo darán paso a terribles sospechas: «No sabía ya qué pensar de su mujer [...] Por todas partes adonde dirigía su mirada no veía más que abismos y precipicios» (III, p. 157). Monsieur de Clèves enferma y antes de morir se da cuenta de que tal vez habría sido mejor «no saber»: «¿Por qué no dejarme vivir en sosegada ceguera, como tantos otros maridos?» (III, p. 191). Esta afirmación ratifica el punto de vista inicial: la confesión, originariamente considerada por el marido como el más alto testimonio de fidelidad conyugal, adquiere ahora el carácter de una manzana envenenada. La palabra clave parece ser «curiosidad»: la mujer reprocha a monsieur de Clèves «la curiosidad por saber un nombre» (III, p. 154) y monsieur de Nemours, por su parte, teme «que la curiosidad por averiguar algo más de lo que le dicen puede obligar a cometer grandes imprudencias a un marido» (III, p. 153). El «querer saber» a toda costa recuerda a la locura de «poner a prueba» la fidelidad de una mujer: locura condenada por Ariosto (en los cantos XLII-XLIII del *Orlando furioso*), por Cervantes (en la novela del «Curioso impertinente» contenida en el *Quijote*) y también, en la segunda mitad del siglo XVIII, por la célebre pareja Mozart-Da Ponte (en *Così fan tutte*). En Francia, como se sabe, la novela de Cervantes obtuvo un gran éxito—«traducida» enseguida, en 1608, por Nicolas Baudouin (*Le Curieux impertinent*), un tiempo después, en 1645, Brosse «el joven» la adapta libremente a escena (*Le curieux impertinent ou le Jalou*)—y la expresión *«curieux impertinent»* es usada en contextos que se caracterizan sobre todo por relatos de traiciones y de celos. Y de *«impertinente curiosité»* se habla también en *La Princesse de Conty*, una de las *Historiettes* de Tallemant des Réaux, en la que es posible identificar dos increíbles «coincidencias»: por una parte, existe una estrecha relación entre dos personajes de este relato con la novela de Madame de Lafayette (la protagonista, la princesa de Conti, es precisamente la sobrina del príncipe de Clèves, y Nemours, enamorado de la Conti, es Charles Emmanuel de Savoie, hijo del brillante duque de Nemours de *La Princesse de Clèves*); y, por otra parte, en las *Historiettes* se hace referencia también a una mujer sin nombre que vive las mismas penas que madame de Clèves («Si supierais qué penas padezco, tendríais piedad de mí, no puedo resolverme a perderos, y si os concedo lo que me pedís moriré sin duda por el disgusto»). Y no debe olvidarse que Tallemant des Réaux se había interesado en la familia de la escritora francesa y frecuentaba probablemente el mismo *milieu*: en las *Historiettes*, en efecto, se habla también de Marc Pioche de la Vergne (padre de Madame de Lafayette) y del «apresurado» matrimonio de su hija con monsieur de Lafayette. Pero la confesión extrema de madame de Clèves remite a otro tema importante: el de la «disimulación honesta». El «disimular», en ocasiones, se hace necesario para evitar muertes o accidentes (como recuerda Ariosto en el *Orlando furioso* [IV, 1]) o para defender la propia «verdad» y la propia «intimidad» sin dañar a nadie (como demuestra Torquato Accetto en el tratado *Della dissimulazione onesta*, Nápoles, 1641). También en el *Orlando furioso* (cuyos versos leía Madame de Lafayette, como documenta una de sus cartas) Rinaldo renuncia sabiamente a la búsqueda de la verdad absoluta en materia de amor, consciente de que los hombres deben abandonar la pretensión de la total transparencia en sus relaciones y aceptar, por el contrario, las zonas de sombra en nombre de la recíproca tolerancia («Y después dijo: "Bien necio sería | el que buscase lo que hallar no quiere"», XLIII, 6). Por otro lado, gran parte del intenso debate contemporáneo sobre la recepción de *La Princesse de Clèves* gira propiamente en torno a los temas de la verdad, de la confesión y de los celos. No siempre decir la «verdad» ayuda a vivir bien: a veces—como el mismo monsieur de Clèves aprende tras haber vivido la experiencia—el «no saber» (que favorece la «sosegada ceguera») es mejor que el «saber».

He anticipado aquí, de forma muy sintética, algunas reflexiones (que son parte de un trabajo más amplio) sobre la relación entre *La princesa de Clèves* y algunos clásicos que tratan del tema de «poner a prueba» la fidelidad de las mujeres (ya había estudiado la relación entre el *Orlando furioso* y el *Quijote* en *La utilidad de lo inútil*, Barcelona, Acantilado, 2013, pp. 118-124). Para la *historiette* dedicada a Conti, *cf.* Tallemant des Réaux, *La Princesse de Conty*, en *Historiettes*, t. I, ed. y notas Antoine Adam, París, Gallimard, 1960, pp. 32-37. Sobre la fortuna de la expresión «*curieux impertinent*» en Francia, véase José Manuel Losada Goya, *Bibliographie critique de la littérature espagnole en France au XVII siècle. Présence et influence*, Ginebra, Droz, 1999, pp. 171-173. Sobre el éxito de la novela y sobre su recepción, entre los siglos XVII y XVIII, *cf.* Madame de Lafayette, *Œuvres complètes*, ed., present. y notas Camille Esmein-Sarrazin, París, Gallimard, 2014, pp. 479-711 (acerca del debate en torno a la verdad, la mentira y los celos entre los lectores de Madame de Lafayette, *cf.* Željka Jankovic, «Une femme extraordinaire peut-elle dire la vérité? *La Princesse de Clèves* et le mensonge», *Chameaux*, n.º 10, 2018). Quisiera, por último, especificar mejor la sorprendente coincidencia entre los dos textos a partir de la relación de parentesco entre los personajes presentes en *La Princesse de Clèves* y en *La Princesse de Conty*. Jacques de Clèves (1544-1564), segundo hijo de François de Clèves (1516-1562), es el noble en el que se inspira Madame de Lafayette para el personaje que se casará con la protagonista de la novela; mientras que Jacques de

Saboya, duque de Nemours (1531-1585), es el aristócrata que se oculta tras el brillante cortesano del cual se enamora la princesa de Clèves. En la *historiette* de Tallemant des Réaux, la princesa de Conti (protagonista del breve relato) es Louise Marguerite de Lorena (1574-1631), hija de Catherine de Clèves (hermana de Jacques de Clèves) y por lo tanto sobrino del marido de la princesa de Clèves; mientras que el Nemours enamorado de la Conti es Charles-Emmanuel de Saboya-Nemours (1567-1595), hijo de Jacques de Saboya duque de Nemours.

«BREVÍSIMA RELACIÓN DE LA DESTRUCCIÓN DE LAS INDIAS»
BARTOLOMÉ DE LAS CASAS
(1484-1566)

En estas ovejas mansas y de las calidades susodichas por su Hacedor y Criador así dotadas, entraron los españoles desde luego que las conocieron como lobos y tigres y leones crudelísimos de muchos días hambrientos. Y otra cosa no han hecho de cuarenta años a esta parte, hasta hoy, y hoy en este día lo hacen, sino despedazallas, matallas, angustiallas, afligillas, atormentallas y destruillas por las estrañas y nuevas y varias y nunca otras tales vistas ni leídas ni oídas maneras de crueldad, de las cuales algunas pocas abajo se dirán, en tanto grado que habiendo en la isla Española sobre tres cuentos [millones] de ánimas que vimos, no hay hoy de los naturales della doscientas personas.

LAS MASACRES DE LOS CONQUISTADORES EN EL NUEVO MUNDO

¿Se puede saquear y exterminar a poblaciones inermes con el pretexto de «civilizarlas»? ¿Se puede robar y esclavizar a seres humanos libres e indefensos con el pretexto de donar el «regalo» de una religión, una lengua, una cultura? Las páginas de la *Brevísima relación de la destrucción de las Indias* documentan las atroces masacres infligidas por los conquistadores a los indios del Nuevo Mundo. Bartolomé de las Casas es una de las raras voces del siglo xvi—junto a las de Antonio de Montesinos, Francisco de Vitoria, Girolamo Benzoni, Montaigne, Giordano Bruno y unos pocos más—que denunciaron la barbarie del colonialismo. El fraile dominico—que había esbozado una primera redacción de la obra en 1542 para publicarla después, con añadidos y modificaciones, en 1552—quiere dirigirse directamente al rey para ponerlo al corriente de las masacres que los españoles habían cometido, y continuaban cometiendo, en las tierras de América: «Entre éstas son las matanzas y estragos de gentes inocentes, y despoblaciones de pueblos, provincias y reinos que en ellas se han perpetrado» (p. 69). De las Casas, en el «Prólogo», se dirige al príncipe Felipe (hijo de Carlos V y futuro Felipe II) recordando que los reyes tienen como principal función ser «pastores de los pueblos» («Como la providencia divina tenga ordenado en su mundo que para dirección y común utilidad del linaje humano se constituyesen en los Reinos y pueblos, reyes, como padres y pastores», p. 71) y que, a menudo, cuando los súbditos padecen «defectos, nocumentos y males» es porque carecen «los reyes de la noticia dellos» (*ibid.*). Y así el autor, «por no ser reo, callando, de las perdiciones de ánimas y cuerpos infinitas que los tales perpetraron», decide «poner en molde algunas y muy pocas que los días pasados colegí de innumerables que con verdad podría referir, para que con más facilidad Vuestra Alteza las pueda leer» (p. 72). Una vez conocida la «deformidad de la injusticia que a aquellas gentes inocentes se hace, destruyéndolas y despedazándolas sin haber causa ni razón justa para ello, sino por sola la cudicia e ambición de los que hacer tan nefarias obras pretenden», el príncipe Felipe sólo podrá «suplicar y persuadir a Su Majestad que deniegue a quien las pidiere tan nocivas y detestables empresas» (p. 73). El «sumario brevísimo» no sólo narra las injusticias sufridas, sino que asimismo desmiente las acusaciones lanzadas por los feroces colonos contra los pobres indios, descritos como seres perversos y viciosos. Se trata, por el contrario, de gentes «las más simples, sin maldades ni dobleces, evidentísimas, fidelísimas a sus señores naturales y a los cristianos a quien sirven; más humildes, más pacientes, más pacíficas y quietas» (pp. 75-76). A pesar de las acusaciones de los «negacionistas», que describían a De las Casas como un impostor, la *Brevísima relación* se tradujo a varias lenguas y tuvo una gran difusión europea. La presencia de hipérboles y alguna cifra inexacta no menoscaban la veracidad del relato ni restan crueldad a las masacres.

«NATHAN EL SABIO»
GOTTHOLD EPHRAIM LESSING
(1729-1781)

SALADIN: *[…] Da du nun*
So weise bist: so sage mir doch einmal
Was für ein Glaube, was für ein Gesetz
Hat dir am meisten eingeleuchtet?
NATHAN: *Sultan,*
Ich bin ein Jud'.
SALADIN: *Und ich ein Muselmann.*
Der Christ ist zwischen uns. Von diesen drei
Religionen kann doch eine nur
Die wahre sein […]
NATHAN: *[…] Was will der Sultan? was? Ich bin*
Auf Geld gefaßt; und er will Wahrheit. Wahrheit!
Und will sie so, so bar, so blank, als ob
Die Wahrheit Münze wäre! […]
Wie Geld in Sack, so striche man in Kopf
Auch Wahrheit ein?

•

SALADINO: [...] Ya que eres tan sabio, dime, ¿cuál es
la creencia, cuál es la ley que te parece mejor?
NATHAN: Sultán, yo soy judío.
SALADINO: Y yo musulmán. El cristianismo está entre nosotros. De estas tres religiones sólo una puede ser la verdadera.

NATHAN: [...] ¿Qué quiere el sultán? ¿Qué? Estaba preparado para hablar de dinero y él quiere ... verdad, ¡verdad! ¡Y la quiere... pura, en efectivo, como si la verdad fuera una moneda! [...] ¡Sí, si tan siquiera fuera una moneda antigua de las que se pesaban! [...] ¿Es que se puede introducir la verdad en una cabeza de la misma forma con la que se mete el dinero en la bolsa?

LA TIRANÍA DEL ÚNICO ANILLO Y LA TOLERANCIA RELIGIOSA

Nathan el sabio, de Lessing, es un extraordinario himno a la tolerancia y uno de los más eficaces antídotos contra la extensión del fanatismo. Publicado en 1779, drama en cinco actos que introduce en la literatura alemana el pentámetro yámbico (el verso clásico usado por Shakespeare), aunque entreverado con las vicisitudes de un valeroso cristiano y de una bella judía que finalmente descubren, ambos, ser hijos de Assad, hermano de Saladino, tiene como momento culminante un diálogo entre Nathan y Saladino. Nathan, con su sabiduría, desmiente los lugares comunes que se asocian a los judíos: es generoso (da «con absoluta discreción»), es tolerante («Judíos, cristianos, musulmanes y parsis son para él una misma cosa», II, 2, p. 49) y perdona a los cruzados que han exterminado a su familia («En Gath, los cristianos habían asesinado a todos los judíos y [...] entre estas víctimas se encontraban mi esposa con siete hijos cargados de esperanzas», IV, 7, p. 114). Y también Saladino—mítico sultán musulmán (1138-1193), al que Dante ubica entre los sabios y los héroes antiguos (*Infierno*, IV)—

se presenta como un soberano sumamente dadivoso («[es generoso] con los pobres y quizá igual que Saladino», II, 2, p. 49) que conoce bien la fuerza destructiva del dinero («¡El dichoso, el maldito dinero!», I, I, p. 43). En el tercer acto, en el corazón mismo del drama, el noble sarraceno pregunta cuál de las tres religiones (cristiana, judía y musulmana) es la verdadera. Pero Nathan no afronta directamente la insidiosa pregunta: en su lugar, narra una novela en la que, por analogía, se reafirma que ningún ser humano podrá nunca responder a tal cuestión. En otro tiempo, en efecto, vivió un hombre que poseía un anillo con una piedra muy valiosa, que legó en herencia «a su hijo más amado» para hacer de él «el señor de la casa». De este modo, «el anillo pasó de hijo a hijo hasta que finalmente llegó al padre de tres vástagos: los tres eran igual de obedientes, por lo que amaba a los tres de igual manera y era incapaz de decidirse». Al fin, para no mortificarlos, hace que un orfebre construya dos copias perfectamente iguales y, poco antes de morir, «llama a cada uno de sus hijos en privado; les da su bendición, y su anillo». Los hijos, sin embargo, reivindicando cada uno de ellos su legítima herencia, acuden a un juez. Pero éste, en lugar de dictar sentencia, les ofrece un consejo: el de «aceptar la situación tal como es»:

Cada uno de vosotros ha recibido el anillo de su padre, así que cada uno está seguro de que su anillo es el auténtico. Es posible que vuestro padre no quisiera tolerar por más tiempo la tiranía de un único anillo […] Que cada uno de vosotros se esfuerce compitiendo por mostrar cada día la fuerza de la piedra que hay en su anillo [III, 7, pp. 78-81].

Lessing va aún más allá que la famosa novela de los «tres anillos» narrada por Boccaccio en el *Decamerón* (I, 3): aquí es Dios mismo quien rechaza «la tiranía de un único anillo». Para Nathan, en definitiva, las religiones no son verdaderas o falsas, sino útiles o nocivas para la humanidad. Y sólo aquellas que, sin abandonar el respeto por los restantes cultos, sepan favorecer el amor al prójimo podrán vencer la «competición», mostrando así la «autenticidad» del propio anillo.

«ALEJANDRO O EL FALSO PROFETA»
LUCIANO DE SAMÓSATA
(c. 125 – c. finales del s. II)

Ὡς γὰρ ἂν δύο κάκιστοι καὶ μεγαλότολμοι καὶ πρὸς τὸ κα-
κουργεῖν προχειρότατοι εἰς τὸ αὐτὸ συνελθόντες, ῥᾳδίως
κατενόησαν τὸν τῶν ἀνθρώπων βίον ὑπὸ δυοῖν τούτοιν με-
γίστοιν τυραννούμενον, ἐλπίδος καὶ φόβου, καὶ ὅτι ὁ τούτων
ἑκατέρῳ εἰς δέον χρήσασθαι δυνάμενος τάχιστα πλουτήσει-
εν ἄν· ἀμφοτέροις γάρ, τῷ τε δεδιότι καὶ τῷ ἐλπίζοντι, ἑώρων
τὴν πρόγνωσιν ἀναγκαιοτάτην τε καὶ ποθεινοτάτην οὖσαν,
καὶ Δελφοὺς οὕτω πάλαι πλουτῆσαι καὶ ἀοιδίμους γενέ-
σθαι καὶ Δῆλον καὶ Κλάρον καὶ Βραγχίδας, τῶν ἀνθρώπων ἀεὶ
δι᾽ οὓς προεῖπον τυράννους, τὴν ἐλπίδα καὶ τὸν φόβον, φοιτώ-
ντων εἰς τὰ ἱερὰ καὶ προμαθεῖν τὰ μέλλοντα δεομένων, καὶ δι᾽
αὐτὸ ἑκατόμβας θυόντων καὶ χρυσᾶς πλίνθους ἀνατιθέντων.

•

Y, como sería de esperar de dos pérfidos y desvergon-
zados caraduras muy dispuestos a cometer todo tipo
de fechorías [el falso profeta Alejandro y su cómpli-
ce], convergiendo en los mismos intereses, compren-
dieron que la vida de los hombres está despóticamente
gobernada por dos importantísimos factores: la esperanza y el miedo, y que quien fuera capaz de sacar mejor partido de uno y otro se enriquecería rápidamente.
En efecto, veían que la predicción del futuro es inexo-
rable y anhelada por ambos, tanto por quien tiene mie-

do como por quien alberga esperanzas, y que, desde antaño, lugares como Delfos, Delos, Claros y Bránquidas se habían hecho ricos y célebres, pues los hombres frecuentaban los santuarios por los motivos que les inducían a profetizar esos dos despóticos gobernantes, a saber, el miedo y la esperanza, y necesitaban conocer de antemano lo que iba a suceder; por ello, hacían sacrificios de cien bueyes y ofrendaban lingotes de oro.

LOS TRUCOS DE LOS IMPOSTORES ENMASCARADOS COMO PROFETAS

Escritor muy prolífico (han llegado hasta nosotros más de ochenta obras con su nombre, entre las cuales figuran una novela, diálogos, ensayos, cartas y un grupo de epigramas) y reputado polemista, Luciano dedicó muchas energías a combatir diferentes formas de impostura: falsos filósofos, pedantes llenos de arrogancia, peligrosos santones, avariciosos profetas, innobles aduladores, manipuladores de lo sobrenatural. En la epístola dirigida a un no bien identificado Celso—titulada *Alejandro o el falso profeta* (en alguna edición *La impostura*) y compuesta después del año 180—, el autor relata los embrollos de Alejandro de Abonutico, que había creado en su ciudad natal en Asia Menor el culto de Glicón (divinidad en forma de serpiente con cabeza semihumana): «No se limita sólo [...] a saquear unas cuantas zonas, las más desérticas de Asia, sino que, por así decir, ha plagado de su bandidaje el Imperio romano» (2, p. 5). Un truhán cuyo retrato revela su extraordinaria habilidad para la estafa («Una mezcla muy variada del alma hecha a base de falsedad, engaños, perjuicios y malas artes, complaciente, osada, atrevida, laboriosa para poner en práctica las ideas, persuasiva, convincente») y, sobre todo, «simuladora de lo mejor y de la apariencia más opuesta a la intención»:

Nadie que se topara con él, en un principio se marcharía con una opinión formada sobre él que no fuera la de ser el más honrado, el más discreto y, sobre todo, el más sencillo y el más llano de todos los hombres.

En definitiva, un genio del crimen, dedicado a cultivar ambiciosos proyectos: «A todo eso añadía la altura de miras y el albergar en la mente siempre pensamientos no de poca monta, sino el dedicar sus ideas siempre a las empresas más elevadas» (4, p. 7). Siendo joven, había frecuentado a uno de esos que difunden «brujerías y conjuros maravillosos», prometiendo «favores para los servicios amorosos, asechanzas para los enemigos, desenterramientos de tesoros y repartos sucesorios de herencias» (5, pp. 7-8). Y por haber comprendido precozmente que «la vida de los hombres está despóticamente gobernada por dos importantísimos factores: la esperanza y el miedo» y, al mismo tiempo, movida por la necesidad de «conocer de antemano lo que iba a suceder», y que por eso los hombres frecuentaban templos y oráculos, donde «ofrendaban lingotes de oro», decidieron «poner juntos un consultorio de adivinación y un oráculo», con el objetivo de «enriquecerse y ser felices enseguida» (8, pp. 11-13). Así, envió a muchos de sus colaboradores

a otras tierras para extender la fama del oráculo entre los pueblos y para explicar que era capaz de profetizar, de encontrar a fugitivos, de identificar a ladrones y salteadores, desenterrar tesoros, curar a los enfermos e, incluso, de rescatar a gentes ya muertas.

Pronto «de todas partes [acudieron] las gentes en tropel, al tiempo que llegaban sacrificios, ofrendas, y el duplo para el profeta y discípulo del dios» (24, pp. 29-31). Cualquier ocasión era buena para atacar a Epicuro, «el único que sabía la verdad» (25, p. 31), llegando al extremo de quemar un libro suyo «en mitad del ágora [...] en una hoguera sobre troncos de higuera». En efecto, los estafadores temen siempre los buenos libros, porque liberan el alma «de temores, alucinaciones y fantasías, esperanzas vanas y deseos desorbitados» (47, p. 53). Todavía hoy, por desgracia, hay muchos impostores enmascarados que (en el plano político, religioso, filosófico) difunden verdades absolutas para lucrarse con los miedos y las incertidumbres de aquellos que, desesperados, acuden a venerarlos.

«VIAJE ALREDEDOR DE MI HABITACIÓN»
XAVIER DE MAISTRE
(1763-1852)

Un tas d'infortunés, couchés à demi-nus sous les por-
tiques de ces appartements somptueux, semblent près
d'expirer de froid et de misère. Quel spectacle! Je vou-
drais que cette page de mon livre fût connue de tout l'uni-
vers; je voudrais qu'on sût que, dans cette ville, où tout
respire l'opulence, pendant les nuits les plus froides de
l'hiver, une foule de malheureux dorment à découvert,
la tête appuyée sur une borne ou sur le seuil d'un palais.

•

Un montón de desdichados, tumbados medio desnudos
bajo los pórticos de esas casas suntuosas, parecen prontos a expirar de frío y de miseria. ¡Qué espectáculo!
Quisiera que todo el universo conociera esta página de
mi libro; quisiera que se supiese que, en esta ciudad,
donde todo respira opulencia, una multitud de desgraciados duermen a la intemperie, con la cabeza apoyada en un mojón o en el umbral de un palacio.

El oficial saboyano Xavier de Maistre, hermano del filósofo antirrevolucionario Joseph, nos sugiere vivir la experiencia de un viaje singular:

He emprendido y ejecutado un viaje de cuarenta y dos días alrededor de mi habitación. Las interesantes observaciones que he
hecho y el placer continuo que he experimentado a lo largo del
camino me impulsaban a hacerlo público; la certeza de ser útil
me ha decidido a ello (I, p. 11).

Además de revelarse como un «recurso asegurado contra
el aburrimiento y un alivio contra los males» (I, p. 11), esta
«peregrinación» «queda al reparo de la inquieta envidia
de los hombres y no depende de la fortuna» (I). Publicada
en 1795 en Lausana, la obra—cuyo título alude paródicamente al *Diario de un viaje alrededor del mundo* de James
Cook—coincide sólo fortuitamente con la condición de
prisionero del autor que, condenado a arresto domiciliario
a causa de un duelo, se ve forzado a pasar en Turín cuarenta y dos días de reclusión: «Aseguro aquí, y juro por todo
lo que amo, que deseaba emprenderlo mucho tiempo antes
[…] Este retiro forzoso fue sólo una ocasión para ponerme
en camino más pronto» (XXIX, p. 70). Así, de Maistre refiere las reflexiones maduradas en su lento desplazarse por
el interior de su habitación: de una butaca a la cama, de la
chimenea al escritorio. Entre una etapa y otra, bajo el dominio «de la imaginación» («La seguiremos adonde le plazca conducirnos», II, p. 14), es posible mirar el mundo con
ojos nuevos y percibir aspectos que habían escapado por
entero a nuestra visión. Se trata de una acumulación extraordinaria de descubrimientos: la fidelidad de la perrita

Rosine («Me otorga el mayor favor que puede otorgarse a la humanidad: me amaba entonces, y me ama aún hoy. Así […] la amo con una parte del sentimiento que otorgo a mis amigos», XVII, p. 46) y la devoción del criado Joannetti se transforman en una lección de humanidad («De este modo en mi viaje voy tomando lecciones de filosofía y de humanidad de mi sirviente y de mi perro», XXVIII, p. 69); el flemático paseo entre las estanterías de la biblioteca favorece un fructífero diálogo con «mil personajes imaginarios» («No terminaría nunca, si quisiese describir la milésima parte de los acontecimientos singulares que me suceden cuando viajo cerca de mi biblioteca», XXXVI, p. 85); la lentitud de los desplazamientos y la soledad permiten escuchar las voces del alma (la dimensión espiritual que vuela alto y que alimenta la creatividad artística) y aquellas de la «bestia» (la dimensión corporal ligada a las pasiones materiales); el tránsito entre los cuadros y los grabados estimula una reflexión en torno a la «supremacía entre el arte encantador de la pintura y el de la música» (XXIV-XXVI). Pero, sobre todo, este «viaje inmóvil» vence la indiferencia: «Aquí, hay un grupo de niños apretados unos contra otros para no morir de frío. Ahí hay una mujer temblorosa y sin voz para quejarse», «mientras los paseantes van y vienen, sin emocionarse, con un espectáculo al que están acostumbrados» (XXIX, pp. 71-72). Silencio y lentitud, en definitiva, pueden ayudarnos a viajar mejor y a hacernos más humanos.

«RECOMENDACIONES PARA LA FORMACIÓN DE UNA BIBLIOTECA»

GABRIEL NAUDÉ
(1600-1653)

… la relieure n'est rien qu'un accident et manière de paroistre sans laquelle, au moins si belle et somptueuse, les livres ne laissent pas d'estre utiles, commodes et recherchez, n'estant jamais arrivé qu'à des ignorans de faire cas d'un livre à cause de sa couverture, parce qu'il n'est pas des volumes comme des hommes, qui ne sont cognus et respectez que par leur robe et vestement: de maniere qu'il est bien plus utile et nécessaire d'avoir, par exemple, grande quantité de livres fort bien reliez à l'ordinaire, que d'en avoir seulement plein quelque petite chambre ou cabinet de lavez, dorez, reglez, et enrichis avec toute sorte de mignardise, de luxe et de superfluité.

•

… la encuadernación sólo es un accidente, una forma de presentársenos, sin la cual, por más bella y suntuosa que sea, los libros no dejan de ser útiles y cómodos, ni de estar cotizados; y sólo puede ocurrirles a algunos ignorantes prendarse de un libro movidos por su cubierta, pues sucede con los volúmenes como con los hombres cuando sólo se les conoce y respeta por sus ropajes y vestidos. Así pues, resulta mucho más útil y necesario tener, por ejemplo, gran cantidad de libros con una encuadernación ordinaria, que llenar sólo un pequeño gabinete de libros limpios, dorados, arreglados y enriquecidos con todo tipo de remilgos, lujos y superfluidades.

LA ENCUADERNACIÓN Y EL PRECIO
NO HACEN EL LIBRO

En este breve y brillante tratado, el libertino y erudito francés Gabriel Naudé ofrece a sus lectores una serie de consejos para la formación de una biblioteca. Publicado en 1627, cuando el autor acababa de cumplir veintisiete años, las *Recomendaciones* proponen un modelo ideal que tiene en la biblioteca de Jacques-Auguste de Thou un punto de referencia básico. Ante todo, es preciso entender que la importancia de los libros no se mide por el ropaje externo, como sucede con los hombres, que «sólo se les conoce y respeta por sus ropajes y vestidos» (v, p. 167). Y, sin querer disminuir el valor artístico de los «ornamentos», siempre es mejor «suprimir el gasto superfluo que muchos prodigan inconvenientemente en la encuadernación y ornamentación de sus volúmenes, para emplearlo en la compra de los que faltan» (v, p. 167). Hay que distinguir entre quienes compran libros para leerlos y para aprender, y quienes, en cambio, sólo los valoran «por su precio y por su grosor» (IV, p. 145). Los autores, en efecto, no deben ser apreciados «por el número o por el grosor de sus volúmenes» (IV, p. 140). Así pues, se equivocan «los que creen que el oro y la plata son los nervios principales de una biblioteca y, puesto que no valoran los libros sino por el precio que les han costado, se persuaden de que sólo es posible tener cosas buenas pagándolas muy caro» (I, pp. 91-92). En definitiva, amar los libros no significa coleccionarlos por su valor venal (como, por desgracia, ocurre a menudo entre muchos pseudobibliófilos), sino sobre todo apreciarlos por su contenido. Quien crea una biblioteca para destinarla a uso público hace una «cosa muy elogiable, generosa y digna de un espíritu que no respira sino inmortalidad», porque rescata «del olvido» las mentes de «gentilhombres que no ahorraron tiempo ni desvelos para dejarnos las más vivas huellas de lo mejor de ellos mismos» (1, pp. 85-86). Se precisan muchos siglos para formar una biblioteca. Pero se necesita muy poco para dejarla morir en el silencio y la indiferencia.

«AURORA. PENSAMIENTOS ACERCA DE LOS PREJUICIOS MORALES»

FRIEDRICH NIETZSCHE

(1844-1900)

Diese Vorrede kommt spät, aber nicht zu spät, was liegt im Grunde an fünf, sechs Jahren? Ein solches Buch, ein solches Problem hat keine Eile; überdies sind wir Beide Freunde des lento, ich ebensowohl als mein Buch. Man ist nicht umsonst Philologe gewesen, man ist es vielleicht noch, das will sagen, ein Lehrer des langsamen Lesens: – endlich schreibt man auch langsam. Jetzt gehört es nicht nur zu meinen Gewohnheiten, sondern auch zu meinem Geschmacke – einem boshaften Geschmacke vielleicht? –, nichts mehr zu schreiben, womit nicht jede Art Mensch, die "Eile hat", zur Verzweiflung gebracht wird.

·

Este prólogo llega tarde, aunque no demasiado, ¿qué son, a fin de cuentas, cinco o seis años? Un libro como éste, un problema como éste no tiene ninguna prisa; además, lo mismo yo que mi libro somos ambos amigos del lento. No por nada ha sido uno filólogo, y tal vez aún lo sea, esto es, maestro de la lectura lenta—al final acaba uno escribiendo también lentamente—. Ahora forma parte no sólo de mis hábitos, sino también de mi gusto—¿un gusto perverso, tal vez?—, no escribir jamás nada que no lleve a la desesperación a toda esa gente que «tiene prisa».

En un tiempo en el que las escuelas y las universidades parecen proyectarse cada vez más hacia el mercado, hacia el culto a la velocidad, y estar dispuestas a sacrificar los saberes humanísticos, que no producen dinero, así como los científicos, que no generan un beneficio inmediato, este elogio de la lentitud y de la filología constituye un precioso bálsamo. En el prefacio, publicado en 1886, a la colección de aforismos titulada *Aurora* (1881)—en la cual Nietzsche, en 575 fragmentos, nos hace reflexionar sobre la ilusión de los valores morales, sobre los prejuicios y sobre las hipocresías generadas por el conformismo cristianoburgués—, el filósofo hace las veces de un topo que «horada, excava, socava», «avanzando con lentitud y sensatez, suave pero inflexible», guiado por la esperanza de poder salir de las tinieblas para alcanzar «la mañana, la redención, la *aurora*» (p. 483). Descender a las profundidades sirve para «socavar la *confianza que tenemos en la moral*»: en efecto, durante siglos, convencidos de haber edificado sobre «el suelo más firme», hemos construido más bien sobre bases líquidas y móviles y hemos presenciado, una y otra vez, el desmoronamiento de «todos los edificios construidos» (p. 484). Así, «a martillazos», Nietzsche derriba normas y conceptos basados en consolidados lugares comunes. Y al hacerlo, sin embargo, expresa su infinita pasión por el saber, por la «lentitud» y por el esforzado «excavar filológico» que todo ejercicio crítico presupone:

Y es que la filología es ese arte venerable que exige ante todo una cosa de quienes la admiran y respetan: situarse al margen, tomarse tiempo, aprender la calma y la lentitud. Al ser el arte y el saber del orfebre de la *palabra*, que ha de realizar un trabajo delicado y cuidadoso y nada logra si no es con tiempo *lento* (p. 489).

Se trata de un arte que

es hoy más necesario que nunca [...] justo por eso es lo que más nos atrae y nos fascina, en una era que es la del «trabajo», quiero decir: la de la precipitación, la de la prisa indecente y sudorosa que pretende «acabar» todo de inmediato, incluso un libro, sea nuevo o viejo [*ibid.*].

La filología—cuyos límites el filósofo denuncia también cuando se convierte en mero ejercicio académico, abstracto tecnicismo, incapacidad para conjugar el detalle con lo universal, estéril exhibición de erudición—en su acepción más alta (fruto del cruce con la filosofía, el arte y la vida) es una educación para la profundidad: «Enseña a leer *bien*, es decir, lenta, profunda, respetuosa, cuidadosamente, con cierta malicia y las puertas siempre abiertas, con sensibilidad en la mirada y en el tacto» (*ibid.*). Y al esfuerzo del autor, que había empezado precisamente como profesor de filología clásica, debe también corresponder un esfuerzo del lector («Este libro sólo desea lectores y filólogos perfectos: ¡*aprended* a leerme bien!», *ibid.*). Pero, en la era de la superficialidad y de la rapidez, el camino de la filología y de la lentitud comporta esa misma «soledad» de la cual Nietzsche nos había advertido en su prefacio: «Quien transita por tales caminos propios no encuentra a nadie» (p. 484).

«PENSAMIENTOS»
BLAISE PASCAL
(1623-1662)

Si on est trop jeune, on ne juge pas bien; trop vieil, de même. Si on n'y songe pas assez, si on y songe trop, on s'entête, et on s'en coiffe. Si on considère son ouvrage incontinent après l'avoir fait, on en est encore tout prévenu; si trop longtemps après, on n'y entre plus. Ainsi les tableaux, vus de trop loin et de trop près; et il n'y a qu'un point indivisible qui soit le véritable lieu: les autres sont trop près, trop loin, trop haut ou trop bas. La perspective l'assigne dans l'art de la peinture. Mais, dans la vérité et dans la morale, qui l'assignera?

•

Si se es demasiado joven, no se juzga bien; demasiado viejo, tampoco. Si no se piensa bastante, si se piensa demasiado, uno se empecina y se obceca. Si consideramos nuestra obra inmediatamente después de haberla hecho estamos todavía demasiado influenciados por ella, si pasado demasiado tiempo, ya no nos interesa. Lo mismo sucede con los cuadros vistos desde demasiado lejos o desde demasiado cerca. No existe más que un punto indivisible que sea el verdadero sitio; los demás están demasiado cerca, demasiado lejos, demasiado altos o demasiado bajos. La perspectiva fija el sitio en el arte de la pintura; pero en la verdad y en la moral, ¿quién lo fijará?

¿DESDE QUÉ PUNTO DE VISTA PODEMOS CONTEMPLAR EL INFINITO?

Publicados póstumamente en 1670 por un grupo de parientes y amigos, los *Pensamientos* de Pascal se presentan como un «laboratorio» en el que se esbozan fragmentos y reflexiones, apuntes y notas, con vistas a la elaboración de una *Apología del cristianismo* que no verá nunca la luz. El filósofo francés dirige su atención sobre todo a los no creyentes, a aquellos que muestran indiferencia por la fe o que incluso niegan la existencia de Dios y de una realidad ultraterrena. El ser humano es fruto de una doble naturaleza contradictoria: «sus miserias» (haberse convertido en un «rey destronado», 116) y «su grandeza» (el hecho de haber sido «rey» antes del pecado original) revelan, al mismo tiempo, sus límites de ser finito pero también su potencial capacidad interior de aspirar a algo que pueda ayudarlo a liberarse de la finitud para abrazar una dimensión inconmensurable, una vida infinita («A medida que los hombres van teniendo más luces, descubren a la vez la grandeza y la miseria del hombre [...] el hombre sabe que es miserable. Es, por lo tanto, miserable, puesto que lo es; pero es muy grande, puesto que lo sabe» (122). Se trata de una tensión que encuentra la más clara ejemplificación en la relación misma con la verdad: en un mundo caracterizado por las mutaciones, por las metamorfosis, por la inestabilidad incesante de las formas, por la inconstancia, por la imposibilidad de identificar un centro absoluto después de los desarrollos infinitistas del copernicanismo, *¿cómo y dónde* encontrar un punto firme que nos permita mirar con exactitud lo que queremos conocer? En la pintura la perspectiva define ese «lugar preciso»:

No existe más que un punto indivisible que sea el verdadero sitio; los demás están demasiado cerca, demasiado lejos, demasiado altos o demasiado bajos. La perspectiva fija el sitio en el arte de la pintura [21].

El cálculo prospectivo, en efecto, permite situarse en el sitio preciso desde el cual la pintura debe ser observada a través de precisas reglas matemáticas y geométricas. Pero «en la verdad y en la moral», ¿quién podrá establecer dónde fijar nuestra mirada para evitar que estemos «demasiado lejos» o «demasiado cerca»? (21). Para superar la «vanidad» de la existencia humana, Pascal reconoce en Cristo el punto de vista absoluto: «En Él está toda nuestra virtud [...] Fuera de Él sólo hay vicio, miseria, error, tinieblas, muerte, desesperación» (416). Ahora bien—con independencia de las implicaciones religiosas personales—, el filósofo francés ha tenido el mérito de reconocer la dificultad que tiene para los seres humanos identificar el «lugar preciso». Para Giordano Bruno, desde una perspectiva filosófica muy diferente, la tensión entre el ser finito y su aspiración al infinito no se resuelve en la «posesión» sino en la continua búsqueda de la verdad (poseer la verdad significaría matarla). Lo que para Pascal es miseria (el hecho de sentirse un ser frágil y periférico en el universo infinito, incapaz de aferrar de una vez por todas la verdad) para Bruno es una fuente de entusiasmo y de gozo: es propiamente la imposibilidad de establecer un centro absoluto, eliminando toda rígida jerarquía, lo que hace de todo ser viviente el verdadero centro del universo.

«CARTAS FAMILIARES»
FRANCESCO PETRARCA
(1304-1374)

Volo ego ut lector meus, quisquis sit, me unum non filie nuptias non amice noctem non hostis insidias non vadimonium non domum aut agrum aut thesaurum suum cogitet, et saltem dum legit, volo mecum sit. Si negotiis urgetur, lectionem differat; ubi ad legendum accesserit, negotiorum pondus et curam rei familiaris abiciat, inque ea que sub oculis sunt, animum intendat. Si conditio non placet, inutilibus scriptis abstineat; nolo ego pariter negotietur et studeat, nolo sine ullo labore percipiat que sine labore non scripsi.

•

Yo quiero que mi lector, quienquiera que sea, tan sólo piense en mí, no en las bodas de su hija, ni en la noche que va a pasar con su amiga, ni en las intrigas de sus enemigos, ni en la cita judicial, ni en su familia o sus dineros, y que al menos cuando lea esté conmigo. Si los negocios lo abruman, que deje la lectura para después; una vez que se entregue a la lectura, que rechace el peso y las preocupaciones de su vida privada, y ponga su atención en lo que tiene ante los ojos. Si este requisito no le agrada, que no utilice unos escritos para él inútiles; yo no quiero que a la vez esté haciendo negocio y estudiando, no pretendo que asimile sin ningún esfuerzo lo que no escribí sin ningún esfuerzo.

LA LECTURA REQUIERE SIEMPRE SILENCIO Y ESFUERZO

En una bellísima y famosa carta familiar—fechada el 9 de agosto de 1352 y dirigida a Francesco Nelli, prior de la iglesia florentina de los Santos Apóstoles—, Petrarca nos ofrece profundas reflexiones sobre el tema de la lectura. El poeta refiere a su interlocutor la manera en que ha logrado librarse de asumir el cargo de secretario papal (una oferta que ya había declinado en 1347). La invitación a utilizar un estilo descuidado («Decían que el único inconveniente que había era que yo manejaba un estilo más elevado que el que requería la humildad de la sede romana», 12) constituye una ocasión preciosa para oponer un neto rechazo a la oferta: «Si alguien me anima para que ascienda más alto, veo los escalones por los que hay que subir»; ahora bien, «si, una vez que estoy en lo más bajo, me mandan descender, ya no puedo hacerles caso» (17). Así, Petrarca, en las páginas finales, pinta el retrato ideal del lector y de su público: «Si los negocios lo abruman, que deje la lectura para después; una vez que se entregue a la lectura, que rechace el peso y las preocupaciones de su vida privada, y ponga su atención en lo que tiene ante los ojos» (23). Y «si este requisito no le agrada, que no utilice unos escritos para él inútiles; yo no quiero que a la vez esté haciendo negocio y estudiando» (23). La lectura, en definitiva, requiere necesariamente atención y esfuerzo («No pretendo que asimile sin ningún esfuerzo lo que no escribí sin ningún esfuerzo», 23). Ricos o poderosos, no importa: nadie puede escapar a este imperativo («Quiero que el pontífice o el rey se mantengan atentos y cualquier otro, más todavía si ese otro tiene menos talento», 20). Con unas pocas frases, Petrarca destruye las pedagogías hedonistas que han desfigurado la escuela y la universidad, engañando a los estudiantes con la ilusión de que el saber se puede adquirir jugando y sin esfuerzo. Un texto, un cuadro, una pieza musical requieren silencio, concentración, dedicación. Sólo las «bellezas fáciles», aquellas que no dejan huella, pueden consumarse en medio del ruido y de la distracción.

«EL SATIRICÓN»
PETRONIO
(? – 66 d. C.)

Interim dum Mercurius vigilat, aedificavi hanc domum.
Ut scitis, casula erat; nunc templum est. Habet quattuor
cenationes, cubicula viginti, porticus marmoratos duos,
susum cellationem, cubiculum in quo ipse dormio, vi-
perae huius sessorium, ostiarii cellam perbonam; ho-
spitium hospites capit. Ad summam, Scaurus cum huc
venit, nusquam mavoluit hospitari, et habet ad mare
paternum hospitium. Et multa alia sunt, quae statim
vobis ostendam. Credite mihi: assem habeas, assem va-
leas; habes, habeberis. Sic amicus vester, qui fuit rana,
nunc est rex.

•

Entretanto, con la protección de Mercurio, he man-
dado construir esta casa. Como sabéis, era una cho-
za; ahora es un templo. Tiene cuatro comedores, veinte dormitorios, dos pórticos de mármol; en la planta superior: una sala, la habitación en que yo duer-
mo, el nido de esta víbora y una espléndida vivienda
para el portero; la hospedería tiene capacidad para
cien huéspedes. Basta un detalle: cuando Escauro viene aquí, nunca va a parar a otro albergue, y eso que
tiene junto al mar la casa paterna. Aún hay otras muchas cosas que luego os mostraré. Creedme: tanto tie-

nes, tanto vales; se te medirá por lo que tengas. Tal es el caso de vuestro amigo: antaño era rana, hoy es rey.

LA VALÍA DE LOS HOMBRES NO SE MIDE CON EL DINERO

Si nos interesa el divertido retrato de un patán enriquecido e ignorante, debemos leer el episodio de la cena de Trimalción, relatado por Petronio en *El Satiricón*. De esta obra extraordinaria poco se sabe: no conocemos la estructura ni la trama (sólo se conservan pasajes de los libros XIV-XVI), ni la fecha de composición (la crítica parece tender hoy a situarla en tiempos del principado de Nerón), ni el significado del título (¿alude a «historias de sátiros»?), ni el lugar de la cena (¿acaso una ciudad griega de la Campania: Pozzuoli?) y ni siquiera la identidad del autor (se le identifica con Petronio—*elegantiae arbiter*, 'árbitro de la elegancia'—, del cual Tácito nos habla extensamente en el libro XVI de sus *Anales*). En el texto llegado hasta nosotros, sin embargo, el pantagruélico banquete ocupa un lugar central: la variedad de alimentos alude a la variedad de modelos literarios parodiados, como la épica homérica y virgiliana, el *Banquete* de Platón, la tragedia, la elegía, la novela griega, la *fabula milesia* y la sátira menipea (con la coexistencia de prosa y versos). El papel preeminente corresponde a Trimalción («tres veces señor», que de esclavo se convierte en rico liberto): atento al paso del tiempo («Tiene un reloj en el comedor, y un trompetero apostado al lado para saber en todo instante las horas de menos que ha de vivir», 26, 9). Amante de oropeles («Descubrió su brazo derecho con un brazalete de oro», 32, 4), propietario de fortunas inmensas («Tiene posesiones cuya extensión sólo está al alcance del vuelo del gavilán, y, además, dinero y más dinero», 37, 8), desinhibido defensor de tirarse pedos en la mesa («Ninguno de nosotros nace sin válvula de escape. Yo creo que no hay mayor tormento que aguantarse», 47, 4), cliente de frescos que celebran su vida («Un hábil pintor había representado exactamente toda su vida con las respectivas leyendas», 29, 4). Pero la característica más cómica—tal como la teoriza Platón en el *Filebo* la risa nace de la distancia que se establece entre lo que creemos ser y lo que verdaderamente somos—concierne al contraste entre su ostentación de saber y su crasa ignorancia efectiva: Trimalción se jacta de poseer libros y bibliotecas («Y no creas que me aburre el estudio: tengo tres bibliotecas, una de ellas griega y otra latina», 48, 4), inventa falsos episodios homéricos (48, 7), confunde el mito de Pasifae («Aparece Dédalo encerrando a Níobe en el caballo de Troya», 52, 2), e improvisa versos ridículos. En la mesa se hace evidente la diferencia entre la cháchara de los incultos libertos («Yo no estudié […] ni crítica ni otras zarandajas, pero […] divido por cien cualquier suma en ases, libras o sestercios», 58, 7) y el elocuente silencio del orador Agamenón («Te estoy oyendo decir: "¿Qué es lo que nos cuenta este pesado?". La culpa es tuya, pues tú, que sabes hablar, no hablas […] Sabemos que estás muy engreído de tu cultura», 46, 1-2). En una sociedad en la cual, por desgracia, se cree que el dinero mide el valor de los hombres («tanto tienes, tanto vales»), es preciso haber sido huésped de Trimalción (como Encolpio, voz narradora de *El Satiricón*) para escapar a grandes zancadas de estos toscos personajes: «Echamos a correr apresuradamente como ante un verdadero incendio» (78, 8).

«LA MÚSICA»
PLUTARCO
(50 – después de 120)

Τῶν μὲν γὰρ στρατηγῶν τὰ ἐπιφανέστατα κατ ορθώματα
σωτηρίας μόνον οἴδαμεν τῆς ἐκ τῶν παραχρῆμα κινδύνων
αἴτια γιγνόμενα στρατιώταις ὀλίγοις ἢ πόλει μιᾷ ἢ κἂν ἑνί
τινι ἔθνει, βελτίους δ᾽οὐδαμῶς ποιοῦντα οὔτε τοὺς στρατιώ-
τας οὔτε τοὺς πολίτας, ἀλλ᾽οὐδὲ τοὺς ὁμοεθνεῖς· τὴν δὲ παι-
δείαν, οὐσίαν εὐδαιμονίας οὖσαν αἰτίαν τ᾽εὐβουλίας, οὐ μόνον ἔστιν εὑρεῖν ἢ οἴκῳ ἢ πόλει ἢ ἔθνει χρησίμην, ἀλλὰ παντὶ
τῷ τῶν ἀνθρώπων γένει. Ὅσῳ οὖν ἡ ἐκ παιδείας ὠφέλεια
μείζων πάντων στρατηγημάτων, τοσούτῳ καὶ ἡ περὶ αὐτῆς
μνήμη ἀξία σπουδῆς.

•

Sabemos, en efecto, que los éxitos más brillantes de
los generales sólo son motivo de salvación de peligros
inmediatos para unos pocos soldados, para una sola
ciudad o, como máximo, para una sola nación, pero
nunca hacen mejores ni a los soldados ni a los ciudadanos ni a los que pertenecen a una misma nación. En
cambio, la educación, que es la esencia de la felicidad
y la causa del buen consejo, se puede encontrar que es
útil no sólo para una familia, para una ciudad o para
una nación, sino para todo el género humano. Así, en
tanto en cuanto el beneficio de la educación es mejor
que todas las hazañas militares, en esa medida también
es digno ocuparse de ella.

LA MÚSICA Y LA CULTURA SON
MÁS PODEROSAS QUE LAS ARMAS

Plutarco abre el opúsculo que dedica a la música con una imagen extraordinariamente sugestiva, fundada en la oposición entre el «adornarse» con el arte militar o el hacerlo con la cultura:

La mujer de Foción, el virtuoso, solía decir que su adorno eran las hazañas militares de su marido. Yo, por mi parte, considero no sólo mi propio adorno, sino también común a todos mis amigos, la afición de mi maestro por la discusión filosófica [1, 1131 A-B].

Los éxitos militares, pese a su importancia para salvar a soldados y naciones, «nunca hacen mejores ni a los soldados ni a los ciudadanos ni a los que pertenecen a una misma nación» (1, 1131 B). En cambio, la cultura, «que es la esencia de la felicidad y la causa del buen consejo», revela su utilidad «no sólo para una familia, para una ciudad o para una nación, sino para todo el género humano» (1, 1131 B-C). Surgidas al inicio del «diálogo» entre expertos en música—que tiene lugar en casa del noble Onesícrates durante las saturnales—, estas reflexiones suenan como una verdadera y auténtica *ouverture* en la que el autor anticipa uno de los temas centrales de la conversación: el efecto que los sonidos, la poesía y la danza (lo que los antiguos entendían por *mousiké*) producen en el ánimo, y su eficacia como instrumentos para educar a los más jóvenes. Al discurso sostenido por Lisias sobre la historia de la música, le sigue el de Sotérico de Alejandría centrado en la influencia que este arte puede tener en los comportamientos humanos. Y hablando de la música antigua, Sotérico ilustra sus efectos benéficos sobre quien quiere apreciar la belleza («Si alguien, por ejemplo, tras haber estudiado con empeño el carácter educativo de la música, ha recibido el cuidado debido en su infancia, alabará el bien y lo aceptará», 41, 1146 A) y, en particular, sobre quien desea convertirse en mejor («Y tal hombre permanecerá limpio de toda acción innoble [...] no haciendo nada, ni de hecho ni de palabra, fuera de tono», 41, 1146 B). La música y la cultura, en definitiva, valen más que las armas para vencer la violencia y la intolerancia. Así lo demuestran también los logros obtenidos por Claudio Abbado en los barrios de chabolas venezolanos y por Daniel Barenboim con sus músicos palestinos e israelíes.

«TESEO»

PLUTARCO

(50 – después del 120)

Τὸ δὲ πλοῖον ἐν ᾧ μετὰ τῶν ἠϊθέων ἔπλευσε καὶ πάλιν ἐσώ-
θη, τὴν τριακόντορον, ἄχρι τῶν Δημητρίου τοῦ Φαληρέως
χρόνων διεφύλαττον οἱ Ἀθηναῖοι, τὰ μὲν παλαιὰ τῶν ξύλων
ὑφαιροῦντες, ἄλλα δ'ἐμβάλλοντες ἰσχυρὰ καὶ συμπηγνύντες
οὕτως, ὥστε καὶ τοῖς φιλοσόφοις εἰς τὸν αὐξόμενον λόγον
ἀμφιδοξούμενον παράδειγμα τὸ πλοῖον εἶναι, τῶν μὲν ὡς τὸ
αὐτό, τῶν δὲ ὡς οὐ τὸ αὐτὸ διαμένοι λεγόντων.

•

La nave de treinta remos en que con los mancebos na-
vegó Teseo, y volvió salvo, la conservaron los Atenienses hasta la edad de Demetrio Falereo, quitando la madera gastada y poniendo y entretejiendo madera nueva;
de manera que esto dio materia a los filósofos para el ar-
gumento que llaman aumentativo, y que sirve para los
dos extremos, tomando por ejemplo esta nave, y pro-
bando unos que era la misma, y otros que no lo era.

NO HAY IDENTIDADES ESTÁTICAS,
SINO ÓSMOSIS ENTRE LO IDÉNTICO Y LO DIVERSO

Entre la vastísima producción de Plutarco, destacan las *Vidas* por su circulación e influencia extraordinarias. De los

veintidós pares de biografías llegados hasta nosotros, el dedicado a Teseo y Rómulo se considera uno de los últimos. En gran parte escritas en tiempos de Trajano, estas «vidas paralelas»—en las que se asocian, con intención comparativa, griegos famosos con ilustres romanos—evocan un clima cultural propicio al cruce de las dos civilizaciones. Plutarco, que había obtenido la ciudadanía romana y la ateniense, intenta ante todo ofrecer retratos de hombres ejemplares capaces de exaltar la virtud. Por eso—aun apoyándose abundantemente en las obras de Heródoto, Tucídides, Jenofonte, Polibio, Salustio o Livio—, en la introducción a la vida de Alejandro puntualiza que no escribe «historias, sino vidas» y que a menudo «un hecho ocasional, una sentencia aguda o una niñería sirven más para pintar un carácter que batallas en las que mueren millares de hombres» (1, 2). En las aventuras de Teseo, emparejado con Rómulo porque «el uno fundó Roma y el otro engrandeció Atenas» (2, 2), la muerte del Minotauro tiene una importancia crucial: el héroe, en efecto, con la ayuda de Ariadna, al eliminar al monstruo logra salvar a los jóvenes destinados al sacrificio y libera para siempre a Atenas del oneroso tributo de las víctimas inocentes. Una vez arribada a la ciudad, los atenienses conservaron la mítica nave «hasta la época de Demetrio Falereo» (político y escritor que gobernó desde 317 hasta 307 a. C.). Ahora bien, con el paso de los años, a medida que «la madera gastada» de la nave se pudría era sustituida por «madera nueva», hasta el punto de no quedar ya nada de los materiales originales con los que se había construido. De ahí la famosa «paradoja de la nave de Teseo»: ¿continúa la nave siendo la misma o se transforma en otra? ¿Acaso el empleo de nuevos materiales y de madera nueva significa la pérdida de la identidad o la identidad permanece inmutable a pesar de los cambios? Y asimismo: si la identidad cambia, ¿con cuántas piezas sustituidas podemos considerar que la nave de Teseo ha dejado ya de ser la que era? Son preguntas que abren un vasto campo para la reflexión. ¿Es la identidad una cosa material e inmutable o es el fruto de una evolución dinámica en la cual lo «mismo» persiste en lo *otro*? ¿De qué manera han de integrarse lo «viejo» y lo «nuevo» para que no se altere la entidad de la nave? Si aplicamos estas preguntas a la identidad de cualquier ser viviente, vemos que las progresivas metamorfosis no impiden que continúe siendo siempre el mismo: a pesar de las inevitables transformaciones (recién nacido, niño, adulto y viejo), la persona es percibida siempre como la «misma». Absolutizar no nos ayuda a entender: la identidad no es algo estático e incontaminado (como querrían algunos peligrosos promotores de la pureza identitaria, contrarios a toda forma de comunicación con el *otro*), sino un complejo conjunto de mutaciones y permanencias, de continuas ósmosis entre lo idéntico y lo diverso.

«CARTAS A UN JOVEN POETA»
RAINER MARIA RILKE
(1875-1926)

Die Leute haben (mit Hilfe von Konventionen) alles nach dem Leichten hin gelöst und nach des Leichten leichtester Seite; es ist aber klar, daß wir uns an das Schwere halten müssen; alles Lebendige hält sich daran, alles in der Natur wächst und wehrt sich nach seiner Art und ist ein Eigenes aus sich heraus, versucht es um jeden Preis zu sein und gegen allen Widerstand. Wir wissen wenig, aber daß wir uns zu Schwerem halten müssen, ist eine Sicherheit, die uns nicht verlassen wird; es ist gut, einsam zu sein, denn Einsamkeit ist schwer; daß etwas schwer ist, muß uns ein Grund mehr sein, es zu tun.

•

La gente (con ayuda de convenciones) lo ha disuelto todo hacia lo fácil, y hacia el lado más fácil de lo fácil; pero está claro que nosotros debemos mantenernos en lo difícil; todo lo que vive se mantiene aquí, todo lo de la naturaleza crece y se defiende a su manera, y es algo propio partiendo de sí mismo, intenta serlo a toda costa y contra toda resistencia. Sabemos poco, pero el que hayamos de mantenernos en lo difícil es una seguridad que no nos abandona; es bueno estar solo, pues la soledad es difícil; que algo sea difícil debe ser una razón más para que lo hagamos.

NO LO «FÁCIL», SINO SÓLO LO «DIFÍCIL» NOS AYUDA A CONOCER

En el soberbio epistolario de Rilke, las diez conmovedoras *Cartas a un joven poeta* (1929) ocupan un lugar especial. Entre 1903 y 1908, el joven maestro mantiene correspondencia con Franz Xaver Kappus (oficial austríaco de diecinueve años con ambiciones literarias) que le había enviado algunas composiciones, rogándole que expresara un juicio sincero sobre su valor. Rilke, respondiendo con extrema franqueza, ofrece una serie de reflexiones en las que el tema de la creación poética se entrelaza con algunas cuestiones existenciales (el amor, la muerte, la soledad, el conformismo, la melancolía):

Pregunta usted si sus versos son buenos. Me lo pregunta a mí. Antes ha preguntado a otros. Los envía usted a revistas. Los compara con otros poemas, y se intranquiliza cuando ciertas redacciones rechazan sus intentos. Ahora bien (puesto que usted me ha permitido aconsejarle), le ruego que abandone todo esto. Mira usted hacia fuera, y eso, sobre todo, no debería hacerlo ahora (1, p. 26).

No debe buscarse una respuesta en el exterior, sino solamente en el interior de uno mismo: «Hay sólo un único medio. Entre en usted. Examine ese fundamento que llama escribir; ponga a prueba si hunde sus raíces hasta el lugar más profundo de su corazón; reconozca si se moriría usted si se le privara de escribir» (*ibid.*). Y si ante la pregunta «¿*Debo* escribir?», la respuesta es afirmativa, entonces «construya su vida según esa necesidad» (1, pp. 26-27). Así, el imperativo interior de la escritura será más fuerte que cualquier juicio crítico externo. El arte, para convertirse en «un modo de vivir» (x, p. 100), requiere que «hayamos de mantenernos en lo difícil». Porque «el tiempo de aprendizaje es un tiempo largo, cerrado» (vII, p. 73). ¡Es una lástima que las pedagogías modernas de lo fácil y lo rápido estén corrompiendo a las nuevas generaciones! Sin sacrificio, sin lo «difícil», ¿cómo puede uno conocer y conocerse?

«EL GALLO DE ORO»
JUAN RULFO
(1917-1986)

En este asunto de los gallos un hombre solo no puede hacer nada. Se necesita participar con los demás. De otro modo acaban pisándote. Véme a mí, bien rico que estoy y a esos animalitos les debo todo. Sí. Y otra más, a la buena amistad con otros galleros; combinaciones, matuterías si tú quieres […] El trabajo no se hizo para nosotros, por eso buscamos una profesión livianita. ¿Y qué mejor que ésta de la jugada, en que esperamos sentados a que nos mantenga la suerte?

EL DINERO NO HACE LA FELICIDAD

En su origen, entre 1956 y 1958, *El gallo de oro* fue concebido como un texto para el cine, y de él derivaron después películas y cortometrajes (*El gallo de oro*, 1964; *El imperio de la fortuna*, 1986; *La fórmula secreta*, 1964; *El despojo*, 1960) e, incluso, una serie televisiva en 1981. Y sobre todo, este relato (que no se publicó hasta 1980, reelaborado) propició la amistad entre Gabriel García Márquez y Carlos Fuentes, ambos reclutados por el productor Manuel Barbachano para escribir el guión del film *El gallo de oro*. La historia de Dionisio Pinzón—«uno de los hombres más pobres de San Miguel del Milagro» (p. 304)—nos permite reflexionar sobre varios de los grandes temas de la narrativa latinoamericana que, en lo sucesivo, marcarán algunas obras de importantes escritores, entre ellos el mismo García Márquez: la soledad, la repetición, el destino, las mutaciones repentinas de la fortuna, la miseria, la esperanza, el amor, la arrogancia del dinero y del poder, la muerte, el sedentarismo y el nomadismo. El violento mundo del juego y de los criadores de gallos de pelea (galleros), hecho de estafas e ilusiones, se convierte en una metáfora de la vida: «un hombre solo no puede hacer nada» y para vencer «se necesita participar con los demás» (p. 330). El pobre Pinzón—que vivía «en compañía de su madre, enferma y vieja, más por la miseria que por los años» (p. 304)—cambia radicalmente su existencia gracias a un gallo de pelea que, recibido moribundo como regalo, lanza al protagonista al mágico mundo de las galleras, de las apuestas y del juego de azar. Quien no era más que un humilde pregonero, deja el minúsculo pueblo y en poco tiempo empieza a ganar dinero (le movía «un afán ilimitado de acumular riqueza», p. 343). Después, el encuentro decisivo con Lorenzo Benavides (rico gallero) y con Bernarda Cutiño (la Caponera, «mujer de gran temperamento, adonde quiera que iba llevaba su aire alegre, además de ser buena para cantar corridos y canciones antiguas», p. 328), que lo invitan a hacerse socio: «Lorenzo quiere que te combines con él [...] Tú registrarás sus gallos a tu nombre [...] El trato está en que te acomodes a lo que él diga [...] Que hay que quebrarle las costillas al animal antes de soltarlo, pues a quebrar costillas» (p. 331). Pero, con la abundancia de dinero, Dionisio «pronto dejó de ser aquel hombre humilde que conocimos»: «Poco a poco su sangre se fue alterando ante la pelea violenta de los gallos, como si el espeso y enrojecido líquido de aquellos animales agonizantes lo volviera de piedra, convirtiéndolo en un hombre fríamente calculador» (pp. 334-335). La «buena suerte», gracias también a la inesperada conquista («Sentía que era demasiado hermosa para él», p. 340) de la impetuosa Caponera, lo transforma en un hombre riquísimo. Y ahora, sedentario en la propiedad de Santa Gertrudis, Pinzón conoce la ebriedad de la opulencia y, nuevamente, la profundidad de la miseria. La muerte de la mujer—gracias «al poder que le daba el dinero» había sofocado la existencia errabunda de Bernarda—y la conducta «licenciosa» (p. 354) de la hija lo llevan, en una sola noche, a perder el inmenso patrimonio y la vida.

«POEMAS»
SAFO
(VII-VI a. C.)

φαίνεταί μοι κῆνος ἴσος θέοισιν
ἔμμεν’ ὤνηρ, ὄττις ἐνάντιός τοι
ἰσδάνει καὶ πλάσιον ἆδυ φωνεί-
σας ὐπακούει

καὶ γελαίσας ἰμέροεν, τό μ’ἦ μάν
καρδίαν ἐν στήθεσιν ἐπτόαισεν·
ὠς γὰρ ἔς σ’ ἴδω βρόχε’, ὤς με φώναι-
σ’ οὐδ’ ἔν ἔτ’ ἔικει,

ἀλλὰ κὰμ μὲν γλῶσσά <μ’> ἔαγε, λέπτον
δ’ αὔτικα χρῷ πῦρ ὐπαδεδρόμηκεν,
ὀππάτεσσι δ’ οὐδ’ ἔν ὄρημμ’, ἐπιρρόμ-
βεισι δ’ ἄκουαι,

κὰδ δέ μ’ ἴδρως κακχέεται, τρόμος δὲ
παῖσαν ἄγρει, χλωροτέρα δὲ ποίας
ἔμμι, τεθνάκην δ’ ὀλίγω ’πιδεύης
φαίνομ’ ἔμ’ αὔτ[ᾳ.

ἀλλὰ πὰν τόλματον, ἐπεὶ †καὶ πένητα†

•

250

Un igual a los dioses me parece
el hombre aquel que frente a ti se sienta,
de cerca y cuando dulcemente hablas
te escucha, y cuando ríes

seductora. Esto—no hay duda—hace
mi corazón volcar dentro del pecho.
Miro hacia ti un instante y de mi voz
ni un hilo ya me acude,

la lengua queda inerte y un sutil
fuego bajo la piel fluye ligero
y con mis ojos nada alcanzo a ver
y zumban mis oídos;

me desborda el sudor, toda me invade
un temblor, y más pálida me vuelvo
que la hierba. No falta—me parece—
mucho para estar muerta.

Pero todo se ha de sobrellevar, pues incluso
quien no posee nada…

EROS Y LOS SÍNTOMAS DEL MAL DE AMOR

En estos célebres versos se canta, por primera vez, a los síntomas del mal de amor. Se trata de un modelo literario que,
en el curso de los siglos, será traducido y reelaborado en in-
finidad de composiciones. Safo, la gran poetisa griega, pinta con sus palabras una escena en la que un hombre, paran-

gonado con los dioses, escucha a una muchacha que habla y ríe («Un igual a los dioses me parece | el hombre aquel que frente a ti se sienta, | de cerca y cuando dulcemente hablas | te escucha, y cuando ríes | seductora»). Cautivada por su rostro, Safo expresa una pasión incontenible. La carcoma de los celos no ejerce aquí ningún papel. Ocupa, en cambio, un lugar central la descripción poética de los trastornos que el amor causa en alma y cuerpo: enmudece («de mi voz | ni un hilo ya me acude, | la lengua queda inerte»), las llamas la envuelven («y un sutil | fuego bajo la piel fluye ligero») y los sentidos pierden su función («y con mis ojos nada alcanzo a ver | y zumban mis oídos»), mientras «un sudor» y «un temblor» le sacude los miembros. Eros, con su naturaleza doble, «dulce y amarga», surge con toda su potencia («Me arrastra—otra vez—Eros, que desmaya los miembros, | dulce animal amargo que repta irresistible», 81). Esposa de Cércilas y madre de Cleis, Safo canta asimismo a la pasión que siente por algunas muchachas que frecuentan su comunidad—congregación religiosa o escuela, poco importa—para iniciarse en la vida matrimonial. Su poesía refleja los ritos, las liturgias, los temas que comporta la educación para el amor, y su participación emotiva transforma las repeticiones y los motivos fijos en singulares momentos de experiencia vivida. Safo exalta la nobleza y pureza del amor. El amor plural que también une a seres del mismo sexo, y que, por desgracia, es hoy mortificado por algunos fanáticos defensores de la así llamada «familia natural», los cuales—arrogándose el derecho a establecer lo que es «contranatural»—lo degradan a la exclusiva función reproductiva.

«SOBRE LA FUNCIÓN DE LA INQUISICIÓN»

PAOLO SARPI
(1552-1623)

La materia de' libri par cosa di poco momento perché tutta di parole; ma da quelle parole vengono le opinioni nel mondo, che causano le parzialità, le sedizioni e finalmente le guerre. Sono parole sì, ma che in conseguenza tirano seco eserciti armati. In questa materia non ascondono li romani due loro pretensioni molto ardite: che così possino proibire libri non solo per causa di religione, ma ancora per qual si voglia altra; la seconda, che il principe nello stato suo non possa proibire alcun libro.

•

La materia de los libros parece cosa de poca importancia porque consiste únicamente en palabras; pero de esas palabras proceden las opiniones del mundo, que causan las facciones, las sediciones y finalmente las guerras. Son palabras, sí, pero tienen como consecuencia ejércitos armados. En esta materia los romanos [la Curia romana] no ocultan dos pretensiones muy audaces: [la primera], que de este modo pueden prohibir libros no sólo a causa de la religión, sino también por cualquier otro motivo; la segunda, que el príncipe [secular] no puede prohibir ningún libro en su Estado por ningún motivo.

LAS LLAMAS PUEDEN QUEMAR LOS LIBROS, PERO NO LAS PALABRAS

Uno de los opositores más ardientes de la Contrarreforma y del poder clerical, el fraile servita Paolo Sarpi—autor de la famosa *Historia del Concilio tridentino* (1619)—, interviene en distintas ocasiones para defender la autonomía de Venecia respecto del poder papal así como la laicización de la vida civil. La censura y el índice de libros prohibidos se erigían como un peligroso obstáculo para el desarrollo del pensamiento y para el debate sobre los descubrimientos científicos (son significativos los elogios de Sarpi a Copérnico y su amistad con Galileo). Sarpi, culto literato, capta con gran fineza la paradoja de la escritura: por un lado, la fragilidad del libro («La materia de los libros parece un asunto de poca importancia porque consiste únicamente en palabras»); por otro lado, la palabra como eficaz medio para luchar en múltiples batallas («Pero de esas palabras proceden las opiniones del mundo, que causan facciones, sediciones y finalmente guerras»). En definitiva, el «estilo» revela su doble naturaleza: es un instrumento para inscribir la palabra, pero también un arma para herir. En el conflicto con el papa y con los poderosos prelados—que pretendían imponer sus vetos también en terrenos no estrictamente ligados a la religión—, la publicación de libelos y panfletos desempeña un papel de gran relevancia. La palabra escrita se transforma en un instrumento de propaganda, de contestación, de subversión de lugares comunes, de movilización en defensa de algunos importantes valores. Éste es el motivo por el que los poderosos han temido siempre los libros: objetos fáciles de destruir, de quemar, de «mutilar», de «encarcelar», de sofocar, y sin embargo tan peligrosos como para resistir a la función disgregadora del tiempo y a la violencia de cualquier feroz censor. Las llamas, en efecto, pueden aniquilar los libros, pero no las palabras de las que se componen. Éstas, como armas invisibles y silenciosas, continuarán circulando, hostigando, provocando revueltas, despertando y sacudiendo conciencias. En definitiva, prohibir es una ilusión de escasa trascendencia.

«EPÍSTOLAS MORALES A LUCILIO»
SÉNECA
(4 a. C.- 65)

Hoc laboramus errore, sic nobis inponitur, quod neminem aestimamus eo quod est, sed adicimus illi et ea, quibus adornatus est. Atqui cum voles veram hominis aestimationem inire et scire, qualis sit, nudum inspice; ponat patrimonium, ponat honores et alia fortunae mendacia, corpus ipsum exuat: animum intuere, qualis quantusque sit, alieno an suo magnus.

•

Éste es el error que padecemos, ésta la ilusión: a nadie valoramos por lo que realmente es, sino que le añadimos también sus atavíos. Pues bien, cuando quieras calcular el auténtico valor de un hombre y conocer sus cualidades, examínalo desnudo: que se despoje de su patrimonio, que se despoje de sus cargos y demás dones engañosos de la fortuna, que desnude su propio cuerpo. Contempla su alma, la calidad y nobleza de ésta, si es ella grande por lo ajeno, o por lo suyo propio.

El carácter fragmentario y asistemático de las *Epístolas morales a Lucilio* ha suscitado, en el transcurso de los siglos, reacciones opuestas. Valoradas negativamente por algunos («Si [Séneca] no hubiera fragmentado la importancia de los temas tratados en menudísimas frases, [las *Epístolas*] habrían encontrado más bien la aprobación en el unánime juicio de los hombres cultos», observa Quintiliano en las *Instituciones oratorias*, x, 1, 130), y acogidas con entusiasmo por otros («La ciencia que busco [la trata] a retazos sueltos», anotaba Montaigne en *Los ensayos*, ii, x, 593), las 124 epístolas de Séneca nunca han dejado indiferentes a sus lectores. Compuestas entre los años 62 y 65 —y llegadas hasta nosotros en un *corpus* del que se han conservado veinte libros—, están todas ellas dirigidas al amigo Lucilio, en aquel momento gobernador de Sicilia. Se trata de un *zibaldone* ('borrador') de pensamientos, construido en forma de diálogo, en el cual es posible encontrar reflexiones que, aun cuando parezcan estar ligadas a las más simples circunstancias de la vida cotidiana, constituyen siempre una valiosa ocasión para discutir sobre la práctica de la virtud y sobre algunos grandes temas filosóficos asociados con ella (la vida, la muerte, la amistad, la soledad, el suicidio, la vejez, la honestidad, la felicidad, el poder: sólo por citar algunos, y habría que añadir las meditaciones sobre la literatura, el arte, la historia). En la carta 76, Séneca narra su vida de estudiante que «[escucha] a un filósofo» (1). No debe uno avergonzarse si, ya viejo, frecuenta las escuelas, porque «hay que aprender todo el tiempo que dure la ignorancia», por lo tanto, «durante toda la vida» (3). Y los progresos guardarán siempre proporción con los esfuerzos: la virtud, en efecto, no puede llegar a conocerse «ni con un trabajo ligero ni con un pequeño esfuerzo» (6). Sólo a través del uso de la razón será posible entender la importancia vital de la honestidad: ella es «el único bien» que «el alma perfecta sabe apreciar», porque «los restantes bienes son inconsistentes y mudables» y «se poseen con inquietud» (30). Baste pensar en la naturaleza efímera del poder y de las riquezas: «Ninguno de esos individuos, a los que riqueza y cargos sitúan a un nivel superior, es grande». Si lo parece es porque «los [medimos] unidos a su pedestal» (31). Ocurre como con los actores trágicos en el escenario, que «en presencia del público caminan engreídos sobre sus coturnos», pero «tan pronto salen de la escena y se descalzan vuelven a su talla normal» (31). Por desgracia, «a nadie valoramos por lo que realmente es, sino que le añadimos también sus atavíos» (32). Si queremos entender la naturaleza auténtica de un hombre, debemos examinarlo «desnudo» (32). Una invitación a vencer a la ilusión, a considerar la sustancia de los seres humanos y no su apariencia. Séneca escribe a Lucilio, pero habla sobre todo a sus futuros lectores recordándoles, contra todo egoísmo gregario, que «no puede vivir felizmente aquel que sólo se contempla a sí mismo, que lo refiere todo a su propio provecho», porque «es importante vivir para el prójimo, si quieres vivir para ti» (v, 48, 2).

«EL REY LEAR»
WILLIAM SHAKESPEARE
(1564-1616)

Poor naked wretches, whereso'er you are,
That bide the pelting of this pitiless storm,
How shall your houseless heads and unfed sides,
Your loop'd and window'd raggedness,
defend you From seasons such as these?
O, I have ta'en Too little care of this. Take physic, pomp.
Expose thyself to feel what wretches feel,
That thou mayst shake the superflux to them,
And show the heavens more just.

•

Pobres mendigos desnudos, allí donde estéis,
recibiendo el azote de la cruel tormenta,
¿cómo os defenderán vuestra carne famélica y pelada
  cabeza,
vuestros andrajos rotos y raídos
de un tiempo como este? Ah, qué poco
me he preocupado de esto. Toma un remedio, boato,
déjalo todo y siente lo que los pobres sienten,
haz que a ellos les caiga lo superfluo,
mostrando un cielo más justo.

Sólo cuando lo ha perdido todo (el poder de rey, la potestad paterna y la totalidad de su patrimonio), y se encuentra en medio de una terrible tempestad, el rey Lear se siente conmovido, por un instante, al pensar en el sufrimiento de los miserables:

> Pobres mendigos desnudos, allí donde estéis,
> recibiendo el azote de la cruel tormenta,
> ¿cómo os defenderán vuestra carne famélica y pelada cabeza,
> vuestros andrajos rotos y raídos
> de un tiempo como este?

Mientras fue rey—gozó plenamente de sus bienes materiales y detentó el poder con arrogancia—nunca se acordó de las penas de éstos («¡Ah, qué poco me he preocupado!»). Su vida ha tenido que experimentar terribles trastornos para que llegue a entender el sentido profundo de la solidaridad humana. Ahora, cegado por la locura, logra darse cuenta de las injusticias que afligen al mundo. En esta extraordinaria tragedia de Shakespeare, «solamente la ceguera» permite «ver». El rey Lear ve cuando la razón anda a tientas en la oscuridad de la locura, y Gloucester, por su parte, ve cuando sus ojos son cegados. Privados de luz, ambos saben reconocer, tras las máscaras de la apariencia, el verdadero amor filial (el de Cordelia y el de Edgard), la avidez y el engaño que vencen a los afectos mismos y, sobre todo, la tremenda crueldad producida por la desigualdad entre los seres humanos:

> El ser yo desdichado
> te hace a ti el más feliz [...]

Así el reparto repararía el exceso,
y habría suficiente para todos [IV, I, p. 137].

Precisamente la caída en la pobreza material ayuda a hacerse rico en el espíritu, de la misma manera que la pérdida de la autoridad regia ayuda a conquistar la autoridad moral. Es necesario despojarse y sentir «lo que los pobres sienten | haz que a ellos les caiga lo superfluo»: así, sin hipocresía, los poderosos podrán contribuir a hacer «un cielo más justo».

«DEFENSA DE LA POESIA»
PHILIP SIDNEY
(1554-1586)

It is already said, and as I think truly said, it is not riming and versing that makes poesy. One may be a poet without versing, and a versifier without poetry [...] Now then go we to the most important imputations laid to the poor poets; for aught I can yet learn they are these. First, that there being many other more fruitful knowledges, a man might better spend his time in them than in this. Secondly, that it is the mother of lies. Thirdly, that it is the nurse of abuse, infecting us with many pestilent desires, with a siren's sweetness drawing to the serpent's tail of sinful fancies.

·

Ya se ha dicho anteriormente—y, según creo, con acierto—que no son la rima y el verso los que hacen a la poesía. Se puede ser poeta sin versificar y versificador sin lograr poesía [...] Vayamos ahora, por tanto, a las acusaciones más importantes dirigidas contra los infelices poetas. Por lo que sé hasta ahora, son las siguientes: en primer lugar se les objeta que, habiendo otros muchos conocimientos más fructíferos, el hombre debería emplear su tiempo en ellos antes que en la poesía; en segundo lugar, que es la madre de las mentiras; en tercer lugar, que es la nodriza de la corrupción, que nos infecta con múltiples deseos pestilentes, atrayendo a la mente con su canto de sirena hacia el cuento de fantasías pecaminosas de la serpiente.

LA DIFERENCIA ENTRE POETAS Y VERSIFICADORES

La *Defensa de la poesía* de Sidney, escrita a principios de la década de 1580 y publicada póstumamente en 1595, es una apasionada apología de la imaginación, de las artes en general y de la función moral de la literatura. Se trata de una respuesta a los ataques de algunos puritanos extremistas contra poetas, músicos y actores, acusados de producir y difundir inmoralidad y corrupción a través de sus obras y de sus representaciones teatrales. Sidney—protector de grandes artistas e importantes literatos: en su círculo gravita también Giordano Bruno durante su estancia en Inglaterra—considera, por el contrario, la poesía como un importante instrumento para educar a los lectores en los más altos valores civiles. La imaginación poética, en efecto, a través de la creación de un héroe puede proporcionar modelos de comportamiento susceptibles de crear muchísimos héroes de carne y hueso:

[este acto creativo] opera hasta el fondo de lo sustancial como para crear no sólo un Ciro que sea un prodigio concreto, como podría haber hecho la naturaleza, sino para ofrecer al mundo un Ciro que podría dar lugar a muchos Ciros, si se aprende debidamente por qué y cómo lo hizo ese creador [pp. 122-123].

La alusión a la *Ciropedia* de Jenofonte nos permite comprender, paradójicamente, cómo también un texto en prosa puede ser considerado «un poema épico». En la acepción de Sidney (en la misma línea de Pierre de Ronsard y de Bruno), «no son el rimar y el versificar los que hacen al poeta, no más de lo que la toga hace al abogado» (p. 127). La característica distintiva que permite «reconocer a un poeta» es, por el contrario, «la invención de imágenes notables de las virtudes, los vicios y demás cosas, junto con esa enseñanza deleitosa» (*ibid.*). El verdadero poeta se distingue del «versificador» porque sabe que el conocimiento supremo se asienta «sobre el conocimiento de uno mismo, en su consideración ética y política, con el fin de hacer el bien y no sólo de conocerlo» (p. 128). Ésta es la razón por la que limitarse a escribir versos y rimas no basta para ser poeta.

«SOBRE LA MENTE HEROICA»

GIAMBATTISTA VICO

(1668-1744)

In literarum studia, adolescentes ingenui, incumbendum vobis est haut sane ob fines, quibus facile a vili vulgo sordidoque vincamini, ut ob parandas divitias, nec quibus a militibus aulicisque longe superemini, ut caussa honorum et potentiae; neque adeo quibus ducuntur philosophi, ipsius nempe sapientiae desiderio, quo capti plerique omnes in umbra abditi omnem aetatem degunt ut ociosi sua animi tranquillitate perfruantur. Aliquid est a vobis expectandum longe praestantius. Sed quid isthuc? – mirabundus aliquis vestrum inquiet – a nobis humana conditione maiora petis? Isthuc numero ipsum, sed ita maiora ut sint tamen vestrae naturae convenientia. A vobis, inquam, est expectandum ut literarum studiis operam detis, qua vestram mentem explicetis heroicam et sapientiam ad generis humani felicitatem instituatis.

•

Debéis aplicaros a los estudios literarios, nobles adolescentes, no en verdad por unos fines en los que fácilmente seríais vencidos por el vil y sórdido vulgo, como el de obtener riquezas; ni en los que seríais, con mucho, superados por militares y cortesanos, como por honores y poder; ni tan siquiera por los que se mueven los filósofos, el ansia, ciertamente, de la propia sabiduría, cautivos del cual pasan, en su inmensa mayoría, toda su vida en apartado retiro, para disfrutar ociosos de su tranquilidad de espíritu. De vosotros se debe esperar algo de mayor prestancia. «¿Pero de qué se trata?—preguntará sorprendido alguno de vosotros—: ¿Pretendes de nosotros algo que está por encima de nuestra condición humana?». Con eso mismo cuento, pero por encima en tal sentido que sea, no obstante, acorde con vuestra naturaleza. De vosotros, digo, se debe esperar que os afanéis en los estudios literarios, para desplegar vuestra mente heroica y poner la sabiduría al servicio de la felicidad del género humano.

LA SABIDURÍA AL SERVICIO DE LA FELICIDAD DEL GÉNERO HUMANO

¿Cuál debería ser la función de la Universidad? ¿Y con qué objetivo los jóvenes estudiantes deberían seguir los cursos? ¿Acaso el saber puede desempeñar un papel importante en el crecimiento civil y humano de una nación? Giambattista Vico intenta responder a estas preguntas decisivas (y siempre actuales) en un discurso pronunciado en 1732, en Nápoles, con motivo de la inauguración del año académico. Se trata de una dolorida llamada que se dirige sobre todo a los «nobles adolescentes» meridionales: no estudiéis para «obtener riquezas», ni para adquirir «honores y poder», ni siquiera, como algunos filósofos, «para disfrutar ociosos de su tranquilidad de espíritu» (p. 198). Bien al contrario, es preciso acercarse al saber con el propósito de llegar «más allá de nuestra naturaleza humana de mortales»; es necesario que despleguéis, a través de «los estudios literarios» «vuestra mente heroica» y que pongáis «la sabiduría al servicio de la felicidad del género humano» (pp. 198-199). Los filósofos, en efecto, han considerado héroe a «quien ansía lo sublime» (una de las muchas alusiones a *De lo sublime* de Longino [trad. Eduardo Gil Bera, Barcelona, Acantilado, 2014]). Y lo «sublime» son dos cosas: «sobre la naturaleza, Dios» y «en la naturaleza, este universo de portentos en el que nada hay más grande que el género humano, ni nada, por ende, mejor que [su] felicidad» (p. 199). Sólo son héroes auténticos aquellos de quienes la fama canta «sus méritos para con el género humano» (p. 199). Para este objetivo se han instituido las universidades: para hacer «desaparecer ya de vuestros ánimos» «aquellos otros [fines] muy inferiores, a saber, las riquezas y los honores» (p. 202); vosotros, estudiantes, estáis aquí, «enfermos de mente y espíritu, para curación, salud y perfección de vuestra mejor naturaleza» (p. 200). Un recorrido formativo que requiere «profesores doctísimos» capaces de enseñar a sus alumnos que el saber no cae «del cielo»: la sabiduría se conquista por «un activo anhelo de ella», «con esfuerzo ímprobo e invicto», dirigiendo «con versatilidad [las] fuerzas a todas partes» (p. 200). Así, deseando «no parecer, sino ser doctos» (p. 202), los estudiantes aprenderán a leer los clásicos, a no perder el tiempo con «escritores mediocres» (p. 207), a cuestionar cualquier dogma («Que ninguno de vosotros se vea obligado, bajo juramento, a guardar fidelidad a las palabras de maestro alguno», p. 203) y sobre todo a considerar que siempre habrá cosas nuevas que aprender y descubrir («El mundo es joven aún», p. 210). Un modelo de universidad y de unidad de los saberes, el sugerido por el ilustre filósofo napolitano, en el cual no cuenta la especialización («Manca y débil [es] la formación científica de quienes se apoyan con todo su peso en una sola [...] disciplina», p. 291), sino el enciclopedismo y el «impulso heroico» de quien quiere poner su saber al servicio de la humanidad y de su felicidad. En definitiva, en las antípodas de las universidades-empresas que, cada vez más proyectadas hacia el mercado, consideran a los estudiantes como clientes y ven en el saber un instrumento para ganar dinero, transformando el conocimiento y la misma enseñanza pública en mercado.

«LAS OLAS»
VIRGINIA WOOLF
(1882-1941)

"Louis and Neville", said Bernard, "both sit silent. Both are absorbed. Both feel the presence of other people as a separating wall. But if I find myself in company with other people, words at once make smoke rings–see how phrases at once begin to wreathe off my lips. It seems that a match is set to a fire; something burns. An elderly and apparently prosperous man, a traveller, now gets in. And I at once wish to approach him; I instinctively dislike the sense of his presence, cold, unassimilated, among us. I do not believe in separation. We are not single. Also I wish to add to my collection of valuable observations upon the true nature of human life".

•

—Louis y Neville—dijo Bernard—, sentados, guardan silencio. Están los dos absortos. Para los dos la presencia de los demás es como un muro divisorio. Contrariamente, cuando yo me encuentro en compañía, inmediatamente las palabras forman anillos de humo, y observo que al momento las frases comienzan a saltar enroscadas de mis labios. Es como si acercara una cerilla al fuego. Algo prende y arde. Ahora entra un hombre de próspero aspecto y avanzada edad, un viajero. Enseguida siento el deseo de abordarle. Instintivamente me desagrada el significado de su presencia, fría y ajena, entre nosotros. No creo en la separación. No somos individuales. Por otra parte, también siento deseos de incrementar mi colección de valiosas observaciones acerca de la verdadera naturaleza de la vida humana.

EL INDIVIDUO ES A LA HUMANIDAD LO QUE LA OLA AL OCÉANO

En esta «novela» experimental de Virginia Woolf, publicada en 1931, el título (*Las olas*) parece describir a la perfección el incesante movimiento de la escritura y, a la vez, del pensamiento. Como las olas—masas singulares de agua que se alzan de la superficie del mar para después, acabado su curso, reintegrarse en ella—, los seis personajes (el séptimo, Percival, no habla: vive únicamente a través del relato de los otros) representan el flujo de un «yo» que expresa su unicidad al mismo tiempo que su pertenencia a un todo indiferente. Bernard, Susan, Rhoda, Neville, Jinny y Louis dan vida a «monólogos» interiores que reafirman una identidad suspendida entre lo uno y lo múltiple: «Ahora veo con gran claridad que no soy uno y simple, sino múltiple y complejo» (p. 68); «Soy Bernard, soy Byron, soy esto y lo otro» (p. 80); «Estoy dividida en porciones: he dejado de ser una sola entidad» (p. 95); «Os devuelvo rectamente la mirada, hombres y mujeres. Pertenezco a vuestro grupo» (p. 93); «En estos momentos, yo no soy» (p. 103). Se trata de un tema principal que, con toda probabilidad, evoca una bellísima página de John Donne, referencia que (creo) ha escapado a los estudiosos de Woolf. La frase «no creo en la separación. No somos individuales» (p. 61) recuerda mucho la famosa imagen expresada en una de sus «meditaciones»: aquella en la que el poeta sostiene que «ningún hombre es una isla, completo en sí mismo» y que «cada uno es un pedazo de continente, una parte del océano» (*cf. supra*, p. 169). El interés de la escritora por Donne es notorio (aprecia sobre todo la manera en la que en sus versos «los elementos dispersos en el normal fluir de la vida devienen un todo único»): no sólo por el ensayo que le dedica en 1931, en el momento mismo en que publica su «novela», con motivo del tercer centenario de su muerte (*John Donne tres siglos después*, publicado en 1932), sino también por las numerosas citas, ocultas y manifiestas, presentes en sus obras. Virginia Woolf, como es sabido, conoce las *Devociones para circunstancias inminentes* (en cuya decimoséptima «estación» aparece la imagen de la insularidad), reeditadas precisamente en 1923. Y esta reflexión parece estar en perfecta sintonía con la continua oscilación del relato entre soliloquio y polifonía, entre separaciones y uniones, entre lo particular y lo universal, entre orden y caos. Woolf representa a los seres humanos individuales como «parte del océano» mediante la imagen de la ola. Todo individuo es una parte de la humanidad, como toda ola es una parte del océano: toda ola es única y, al mismo tiempo, idéntica a las demás. De este modo, el flujo de los soliloquios se resuelve en el océano de la «novela», mientras que el «humo de la frase», como una ola, va «alzándose y descendiendo, balanceándose y descendiendo» (p. 119). En este ir y venir, hacerse y deshacerse («Estoy constantemente en trance de reconstrucción», p. 120), se concreta la esencia misma de la vida y de la escritura. Virginia Woolf no cuenta la historia («Pero yo no quiero relatar una historia», escribe en los *Diarios* el 28 de mayo de 1929): pone en escena olas hechas de palabras y de experiencias vividas, en las que es posible, por un instante, reconocer la existencia de los individuos anegada en el mar de la humanidad. En otra página, la escritora alude al título del texto mismo de Donne («Ahora, esta campana que suena dulcemente por otro me dice: tu morirás»; ¿cómo no recordar *Por quién doblan las campanas* de Hemingway, obra publicada en 1940?): «A lo lejos dobla una campana, pero no dobla por un muerto. Hay campanas que tocan a vida. Cae una hoja y cae de alegría. Amo la vida» (p. 73). Ahora el tema de la insularidad y el de la campana, estrechamente ligados en la «meditación» del poeta, se encuentran entrelazados en la trama líquida que caracteriza *Las olas*. Y no es por azar que Virginia Woolf conceda a Donne la última palabra en las últimas líneas de la «novela»: «La muerte es el enemigo. Contra la muerte cabalgo, lanza en ristre y melena al viento» (p. 266). En esta paráfrasis de un soneto de los *Poemas sacros* se encierra la paradoja de la «muerte de la Muerte», pero modulada en una clave enteramente terrenal, extraña al horizonte místico y metafísico de la fuente. Para Woolf, vida y muerte, marcadas por el flujo continuo del tiempo, se persiguen y anulan en la circularidad del perenne ir y venir. De la misma manera que el individuo es a la humanidad y la ola al océano, aquí, una ola muere mientras que en otro sitio, de aquella misma agua, nace otra. Así, Virginia Woolf (no obstante las pulsiones suicidas que la empujaron, diez años después de la publicación de la «novela», a anegar su existencia en las aguas de un río) ¡transforma el *memento mori* en un himno a la vida!

FUENTES[1]

ARIOSTO, Ludovico, *Sátiras* [I, vv. 247-251, 256-260], ed. bilingüe, trad., pról. y notas José María Micó, Barcelona, Península, 1999, pp. 31-35.

ARISTÓTELES, *Metafísica* [982b, 11-21], ed. bilingüe, intr., trad. y notas Enrico Berti, Roma-Bari, Laterza, 2017, pp. 8-11.

—, *Metafísica* [982b, 11-21], intr., trad. y notas Tomás Calvo Martínez, Madrid, Gredos, 1994, pp. 76-77.

BACON, Francis, *Nueva Atlántida*, ed. Emilio García Estébanez, Madrid, Akal, 2006, p. 178.

—, *Nuova Atlantide*, ed. bilingüe, versión latina en apéndice, al cuidado de Paolo Guglielmoni, Milán, Rusconi, 1997, p. 51.

BORGES, Jorge Luis, «El jardín de senderos que se bifurcan», en: *Cuentos completos*, Barcelona, Debolsillo, 2020, pp. 146-157.

BRECHT, Bertolt, *Die Dreigroschenoper. Nach John Gays «The Beggar's Opera»*, Berlín, Suhrkamp, 1968, p. 94.

—, *La ópera de cuatro cuartos*, trad. Miguel Sáez, en: *Teatro completo*, 3, Madrid, Alianza, 2016.

BRUNO, Giordano, *Expulsión de la bestia triunfante*, intr., trad. y notas Miguel Á. Granada, Madrid, Tecnos, 2022, pp. 190-194.

—, «Spaccio de la bestia trionfante», en: *Opere italiane*, ed. Giovanni Aquilecchia, Turín, UTET, 2014, pp. 265-267.

---

[1] Por regla general el autor remite a ediciones en la lengua original del texto (o a ediciones bilingües) y a traducciones italianas. Hemos procurado seguir este mismo modelo en nuestra traducción, sustituyendo las traducciones italianas por castellanas tanto en la introducción como en los textos de la antología. Debemos advertir, sin embargo, que nos hemos visto obligados a realizar un buen número de ajustes y modificaciones buscando una mejor adaptación al contexto en que el autor utiliza los pasajes que cita. (*N. del T.*).

CAMÕES, Luís Vaz de, *I Lusiadi* [IX, 27], en: *Opere complete*, ed. bilingüe, dir. Rita Marnoto, trad. Roberto Gigliucci, Milán, Bompiani (en prensa).

—, *Los Lusiadas* [IX, 27], ed. Nicolás Estremera y José Antonio Sabio, trad. Benito Caldera, Madrid, Cátedra, 1986, p. 412.

CAMPANELLA, Tommaso, *Le poesie* [17], ed., intr. y coment. Francesco Giancotti, Milán, Bompiani, 2013, p. 48.

CAMUS, Albert, «Deux lettres», en: *Le Premier homme*, París, Gallimard, 1994, p. 327.

—, *El primer hombre*, trad. Aurora Bernárdez, Barcelona, Tusquets, 1997, pp. 295-299.

CASTELLION, Sebastián, *Contre le libelle de Calvin*, trad., present. y notas Étienne Barilier, Carouge, Zoé, 1998, pp. 129 y 161.

CHÉJOV, Antón Pávlovich, *El jardín de los cerezos*, intr. Enrique Llovet, trad. y notas Augusto Vidal, Barcelona, Planeta, 1981.

—, *Vishniovyï sad*, Moscú, Drofa, 2001, pp. 202-203.

CELAN, Paul, «Fuga dalla morte», en: *Poesie*, ed. bilingüe e intr. Giuseppe Bevilacqua, Milán, Mondadori, 1998, pp. 64-65.

—, «Fuga de la muerte», en: *Amapola y memoria. Mohn und Gedächtnis. Poemas*, ed. bilingüe, trad. y notas Jesús Munárriz, Hiperión, Madrid, 1996.

CICERÓN, Marco Tulio, *El orador*, trad. M. Menéndez Pelayo, https://historicodigital.com/download/Ciceron%20Marco%20Tulio%20-%20El%20Orador%20-%20A%20Marco%20Bruto%20(bilingue).pdf

—, *L'oratore* [23, 78], en: *Opere retoriche*, ed. bilingüe Giuseppe Norcio, Turín, UTET, 1996, vol. I, pp. 838-839.

CONRAD, Joseph, *El corazón de las tinieblas*, trad. Juan Gabriel Vásquez, il. David de las Heras, Barcelona, Alma, 2021, p. 12.

—, *Joseph Conrad Collection: Heart of Darkness – Secret Agent – Lord Jim – Nostromo –Victory*, Oxford, Benediction Classics, 2012, p. 6.

DANTE ALIGHIERI, *Comedia*, pról., coment. y trad. José María Micó, Barcelona, Acantilado, 2019.

—, *La Divina Commedia. Vol. I. Inferno* [V, vv. 127-138], ed. Natalino Sapegno, Florencia, La Nuova Italia, 1972.

DELLA CASA, Giovanni, *Galateo* [VIII], ed. Stefano Prandi, intr. Carlo Ossola, Turín, Einaudi, 2000, p. 21.

—, *Galateo* [VIII], ed. y trad. Anna Giordano y Cesáreo Calvo, Madrid, Cátedra, 2003, p. 155.

DE ROBERTO, Federico, *I Viceré* [II, 8], en: *I Viceré e altre opere*, ed. Gaspare Giudice, Turín, UTET, 2001, pp. 615-616.

—, *Los Virreyes* [II, 8], trad. José Ramón Monreal, Barcelona, Acantilado, 2008, pp. 481-482.

DICKINSON, Emily, *Poesías completas*, t. III [1263], trad., pról. y notas José Luis Rey, Madrid, Visor, 2015, p. 71.

—, *Tutte le poesie* [1263], ed. bilingüe e intr. Marisa Bulgheroni, Milán, Mondadori, 1997, pp. 1270-1271.

DIDEROT, Denis, *Supplément au Voyage de Bougainville*, III, en: *Œuvres*, ed. André Billy, París, Gallimard, 1951, p. 1009.

DONNE, John, *Devociones para circunstancias inminentes y duelo por la muerte*, pref. Carlos Zanón, pról. Andrew Motion, trad. Jaime Collyer, con un apéndice con *Vida de John Donne* de Izaak Walton, Barcelona, Navona, 2018, p. 186.

—, *Devotions upon Emergent Occasions*, ed. Anthony Raspa, Montreal-Londres, McGill-Queen's University Press, 1975, p. 87.

DU BELLAY, Joachim, *Sonetos*, ed. bilingüe, trad., pról. y notas Luis Antonio de Villena, Madrid, Visor, 1985, p. 21.

ELIOT, T. S., «Little Gidding», en: *Poesías reunidas*, trad. José María Valverde, Madrid, Alianza, 1986, pp. 218-219.

—, *Quattro quartetti*, ed. bilingüe, trad. Filippo Donini, en: *Poesie, Quattro quartetti, Teatro*, Milán, Bompiani, 1961, pp. 532-535.

ERASMO DE RÓTERDAM, *Il lamento della Pace*, ed. bilingüe Carlo Carena, Turín, Einaudi, 1990, pp. 36-37.

—, *Lamento de la paz*, trad. Eduardo Gil Bera, Barcelona, Acantilado, 2020, p. 36.

GALILEO GALILEI, *Carta a Cristina de Lorena y otros textos sobre ciencia y religión*, intr., trad. y notas Moisés González, Madrid, Alianza, 1987.

—, *Lettera a Cristina di Lorena*, ed. Ottavio Besomi, colab. Daniele Besomi, versión latina de Elia Diodati al cuidado de Giancarlo Reggi, Roma-Padua, Antenore, 2012, pp. 55-57.

GORGIAS, «Encomio de Helena», en: *Sofistas. Testimonios y fragmentos*, intr., trad. y notas Antonio Melero Bellido, Madrid, Gredos, pp. 200-211.

—, *Encomio di Elena* [14], ed. bilingüe Guido Paduano, Nápoles, Liguori, 2007, pp. 80-81.

GRAMSCI, Antonio, *Odio a los indiferentes*, trad. Cristina Marés, Barcelona, Ariel, 2011, p. 19.

—, *Odio gli indifferenti*, Milán, Chiarelettere, 2011, p. 3.

HEMINGWAY, Ernest, *El viejo y el mar*, en: *El viejo y el mar. Adiós a las armas. Las verdes colinas de África*, trad. Lino Nocas Calvo, Barcelona, Planeta, 1969, p. 70.

—, *The Old Man and the Sea*, Londres, Jonathan Cape, 1958, pp. 103-104.

HESSE, Hermann, *Siddharta*, trad. Montserrat Martí Brugueras, Barcelona, Bruguera, 1977.

—, *Siddhartha. Eine indische Dichtung* [11, 5], Berlín, Suhrkamp, 2012, p.182.

IBSEN, Henrik, *Casa de muñecas*, en: *Casa de muñecas. Hedda Gabler*, trad., pról. y notas Alberto Martínez Adell, Madrid, Alianza, 2019, p. 200.

—, *Et Dukkehjem*, ed. digital Terje Sørensen y Heather McNeill.

LA BOÉTIE, Étienne de, *Discours de la servitude volontaire*, cronología, intr., bibliografía y notas Simone Goyard Fabre, París, GF, 1983, p. 132.

—, *Discurso de la servidumbre voluntaria*, present. Esteban Molina, epíl. Claude Lefort, trad. Pedro Lomba, Madrid, Trotta, 2008, p. 26.

LAFAYETTE, Madame de, *La princesa de Clèves*, trad. Emma Calatayud, Madrid, Nórdica, 2009, p. 67.

—, *La principessa di Clèves* [11], en: VV. AA., *Narrativa femminile francese. Dal Seicento all'Ottocento*, ed. bilingüe Tiziana Goruppi y Guido Paduano, Milán, Bompiani, 2017, pp. 88-89.

LAS CASAS, Bartolomé de, *Brevísima relación de la destrucción de las Indias*, ed. André Saint-Lu, Madrid, Cátedra, 1995, p. 77.

LESSING, Gotthold Ephraim, *Nathan el Sabio* [III, 5-6], trad. Emilio J. González García, Madrid, Akal, 2009.

—, *Nathan il Saggio* [III, 5-6], ed. bilingüe, intr. Emilio Bonfatti, trad. y notas Andrea Casalegno, Milán, Garzanti, 1993, pp. 148-151.

LUCIANO DE SAMÓSATA, *Alejandro o el falso profeta* [8], en: *Obras, II, Los retratos*, trad. y notas José Luis Navarro González, Madrid, Gredos, 1988.

—, *L'impostura* [8], ed. bilingüe Claudio Piga y Giancarlo Rossi, trad. Luigi Settembrini, Turín, Nino Aragno, 2016, pp. 10-11.

MAISTRE, Xavier de, *Viaje alrededor de mi habitación* [cap. XXIX], trad. Puerto Anadón, il. Gustave Staal, seguido de «Sainte Beuve, Semblanza de Xavier de Maistre», trad. J. M. Lacruz Bassols, Madrid, Funambulista, 2007.

—, *Voyage autour de ma chambre*, capítulo XXIX, present. Alain Coelho, postfacio de Sainte Beuve, Nantes, Le Temps Singulier, 1981, p. 73.

NAUDÉ, Gabriel, *Advis pour dresser une bibliothèque*, cap. V, reprod. de la edición de 1644, París, Alain Baudry et Cie, 2010, p. 104.

—, *Recomendaciones para formar una biblioteca*, pról., trad. y notas Evaristo Álvarez Muñoz, Oviedo, KRK, 2008, pp. 167-168.

NIETZSCHE, Friedrich, *Aurora. Pensamientos acerca de los prejuicios morales* [prólogo, 5], intr., trad. y notas Jaime Aspiunza, en: *Obras completas*, III, *Obras de madurez*, 1, dir. Diego Sánchez Meca, Madrid, Tecnos, pp. 488-489.

—, *Morgenröthe*, en: *Kritische Gesamtausgabe*, ed. Giorgio Colli y Mazzino Montinari, Berlín, Walter de Gruyter, 1971, t. V, 1, p. 9.

PASCAL, Blaise, *Pensamientos*, en: *Obras*, pról. José Luis Aranguren, trad. y notas Carlos R. de Dampierre, Madrid, Alfaguara, 1981.

—, *Pensieri* [85], ed. bilingüe Adriano Bausola, Milán, Rusconi, 1993, pp. 72-73.

PETRARCA, Francesco, «Cartas familiares», en: *Epistolario*, trad. Francisco Socas, Barcelona, Acantilado (en prensa).

—, *Familiarum rerum libri. Le familiari* [XIII, 5, 23], texto crítico Vittorio Rossi y Umberto Bosco, trad. y ed. Ugo Dotti, colab. Felicita Audisio, Turín, Nino Aragno, 2004, t. III, pp. 1836-1837.

PETRONIO, *El Satiricón*, intr., trad. y notas Lisardo Rubio Fernández, Madrid, Gredos, 1978.

—, *Satyricon* [77], ed. bilingüe, intr. Luca Canali, trad. Ugo Dèttore, pref. Annamaria Schwizer Rindi, Milán, Rizzoli, 1981, pp. 256-257.

PLUTARCO, *La musica* [1], ed. bilingüe, intr. Giovanni Comotti, trad. y notas Raffaella Ballerio, Milán, Rizzoli, 2000, pp. 14-15.

—, *Sobre la música* (Pseudo Plutarco). *Fragmentos* [1], en: *Obras morales y de costumbres* (*Moralia*), vol. XIII, intr., trad. y notas José García López y Alicia Morales Ortiz, Madrid, Gredos, 2004, pp. 37-38.

—, *Teseo*, en: *Vidas paralelas*, vol. I, *Teseo-Rómulo. Licurgo-Numa*, intr., trad. y notas Aurelio Pérez Jiménez, Madrid, Gredos, 1985.

—, *Teseo*, en: *Vite parallele* [23,1], ed. bilingüe Antonio Traglia, intr. Adelmo Barigazzi, Turín, UTET, 2013, vol. I, pp. 116-117.

RILKE, Rainer Maria, *Briefe an einen jungen Dichter*, Fráncfort del Meno, Insel, 1987, p. 35.

—, *Cartas a un joven poeta*, trad. y nota preliminar José María Valverde, Madrid, Alianza, 2016, VII, p. 72.

RULFO, Juan, *El gallo de oro*, en: *Obra*, México D. F.-Barcelona, RM-Fundación Juan Rulfo, 2018, p. 330.

—, «*El gallo de oro*» *y otros textos para cine*, present. y notas Jorge Ayala Blanco, Era, 1980, pp. 56-57.

SAFO, *Poemas y testimonios*, ed. y trad. Aurora Luque, Barcelona, Acantilado, 2004, pp. 29-31.

—, *Poesie* [31], ed. bilingüe, intr. Vincenzo Di Benedetto, trad. y notas Franco Ferrari, Milán, Rizzoli, 1987, pp. 126-127.

SARPI, Paolo, *Sopra l'officio dell'Inquisizione*, en: *Scritti giurisdizionalistici*, ed. Giovanni Gambarin, Bari, Laterza, 1958, p. 190.

SÉNECA, *Epístolas morales a Lucilio* [IX, 76, 32], vol. I, intr., trad. y notas Ismael Roca Meliá, Madrid, Gredos, 1994, p. 456.

—, *Lettere morali a Lucilio* [IX, 76, 32], ed. bilingüe Fernando Solinas, pref. Carlo Carena, Milán, Mondadori, 1994, pp. 454-455.

SHAKESPEARE, William, *El Rey Lear*, trad. Vicente Molina Foix, en: *Obra completa. Tragedias*, vol 11, Barcelona, Debolsillo, 2012, p. 619.

—, *La storia di Re Lear* [11, 25-33], ed. bilingüe Gary Taylor, intr., trad. y notas Masolino D'Amico, en: *Tutte le opere*. vol. 1. Milán, Bompiani, 2014, pp. 1478-1479.

SIDNEY, Philip, *Defensa de la poesía*, ed. Berta Cano Echevarría, M. Eugenia Perojo Arronte y Ana Sáez Hidalgo, Madrid, Cátedra, 2003, pp. 156-159.

—, *The Defence of Poesy*, en: *Classic Writings on Poetry*, ed. William Harmon, Nueva York, Columbia University Press, 2003, pp. 137-138.

VICO, Giambattista, *De mente heroica / Della mente eroica*, en: *Opere*, ed. Andrea Battistini, Milán, Mondadori, 2008, t. 1, pp. 370-373.

—, *Sobre la mente heroica*, en: *Obras. Oraciones inaugurales & La antiquísima sabiduría de los italianos*, present. Emilio Hidalgo-Serna, intr. José M. Sevilla, ed., trad. y notas Francisco J. Navarro Gómez, Barcelona, Anthropos, 2002, pp. 198-199.

WOOLF, Virginia, *Las olas*, trad. Andrés Bosch, Barcelona, Lumen, 1972, p. 61.

—, *The Waves*, en: *Selected Works*, Ware, Wordsworth, 2005, p. 66.

AGRADECIMIENTOS

Estos textos y el breve comentario que los acompaña se han publicado, en gran parte, en la columna «Controverso» que mantuve en el suplemento *Sette* del *Corriere della Sera* desde septiembre de 2015 hasta agosto de 2016: a mi querido amigo Pier Luigi Vercesi (director en ese momento del semanario) y a Luciano Fontana (editor del periódico), mi más profundo agradecimiento.

He comentado algunos párrafos de la introducción con Jordi Bayod (Donne, Montaigne y el poema de Walt Whitman que generosamente me ha señalado), con Jean Céard (Madame de Lafayette), con Masolino D'Amico (Shakespeare y Woolf), con Nadia Fusini (Woolf), con Fausta Garavini (Montaigne), con Concetta Luna (Cicerón y Séneca), con Luca Manini (Donne, Woolf y Arnold), con Donato Mansueto (Camerarius), con Raffaele Perrelli y Amneris Roselli (Camerarius, Séneca y Cicerón) y, finalmente, con Enrico Terrinoni (Donne y Joyce): a todos ellos, mi sincero agradecimiento por sus valiosas sugerencias.

Con María Embiricos, amiga de muchos años, comparto el amor por los clásicos, por el arte y por su hermosa Grecia. Al amigo y maestro George Steiner le debo haber pasado tardes inolvidables hablando animadamente sobre la literatura y la vida. Con Gilles Pécout, Recteur de París, me unen una amistad cada vez más sólida e intereses comunes acerca de la relación entre literatura e historia. Este libro fue concebido, en parte, durante mis estancias en el Max Planck Institut für Wissenschaftsgeschichte de Berlín: gracias de corazón a su director Jürgen Renn.

Quisiera expresar mi profunda solidaridad y mi más afectuoso apoyo al querido amigo Roberto Saviano: sus tomas de posición a favor de los migrantes—en perfecta coherencia con las valientes batallas civiles que ha liderado durante años, pagando un alto precio personal—lo han convertido en blanco de ataques violentos y de amenazas vergonzosas por parte de muchos «empresarios del miedo», entre los que (por desgracia) figuran también políticos que ocupan importantes cargos institucionales.

Un saludo afectuoso para mis estudiantes de la Universidad de Calabria (y las universidades donde he enseñado en calidad de profesor invitado en los últimos años), con los que he releído muchos de los clásicos presentes en el libro.

Matteo Leta y Zaira Sorrenti han sido colaboradores preciosos: su minuciosa relectura de los borradores ha facilitado la ardua tarea de eliminar molestos errores tipográficos.

Con Elisabetta Sgarbi, Mario Andreose, Eugenio Lio, Piergaetano Marchetti, Anna Maria Lorusso y Oliviero Toscani he compartido la botadura mítica de la casa editora: este libro es un testimonio de mi afecto por ellos y de la fidelidad a la editorial que nos ve navegar siempre juntos.

Los hombres no son islas está dedicado a Giulio Ferroni por su septuagésimo quinto aniversario y, sobre todo, por sus años de docencia en la Universidad de Calabria: entre 1978 y 1981, gracias a él (y a otros profesores que en ese momento enseñaban en Arcavacata) aprendí, siendo aún estudiante, que investigar y enseñar no se ejercen por profesión, sino por vocación.

Borgo Malvitani, agosto de 2018

ÍNDICE ONOMÁSTICO[1]

[1] Las páginas en cursiva corresponden a los autores que figuran en la antología.

ESTA REIMPRESIÓN, SEGUNDA,
DE «LOS HOMBRES NO SON ISLAS», DE
NUCCIO ORDINE, SE TERMINÓ DE
IMPRIMIR EN CAPELLADES EN
EL MES DE FEBRERO
DEL AÑO
2023

Colección El Acantilado
Últimos títulos